Faculté de Droit de Paris

ÉTUDE CRITIQUE

DE LA

NOTION DE SAISINE

THÈSE
POUR LE DOCTORAT

PAR

ANDRÉ BONNIN

AVOCAT PRÈS LA COUR D'APPEL

PARIS

IMPRIMERIE MAULDE, DOUMENC ET Cⁱᵉ

144, RUE DE RIVOLI, 144

1899

Faculté de Droit de Paris

ÉTUDE CRITIQUE

DE LA

NOTION DE SAISINE

———◦◦◦———

THÈSE
POUR LE DOCTORAT

*L'ACTE PUBLIC SUR LES MATIÈRES CI-DESSUS SERA SOUTENU
LE 24 JANVIER 1899, A 10 HEURES.*

PAR

ANDRÉ BONNIN

AVOCAT PRÈS LA COUR D'APPEL

———

PRÉSIDENT : **M. Léon Michel**, *professeur*.

SUFFRAGANTS { **MM. Massigli**................ *professeur*.
{ **Pillet**.................... *agrégé*.

———◦◦◦———

PARIS

IMPRIMERIE MAULDE, DOUMENC ET Cⁱᵉ

144, RUE DE RIVOLI, 144

——

1899

MEIS

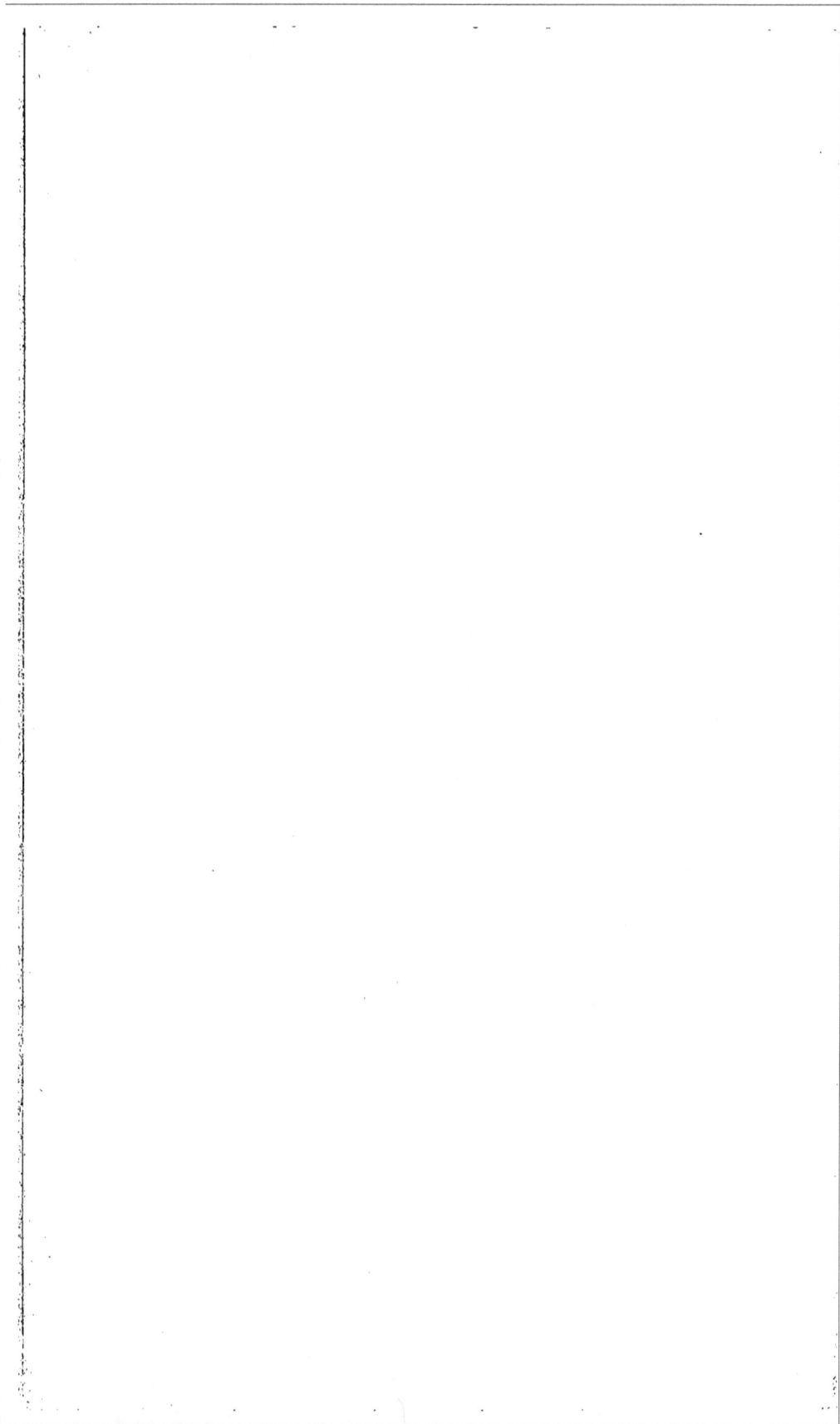

AVANT-PROPOS

Tout être en naissant apporte à la société ses aspirations, son intelligence et son travail ; il doit, en sa mesure, aider à l'œuvre de la civilisation en lui rendant à sa mort plus qu'il n'avait reçu d'elle. L'homme apparaît alors comme une « *valeur* » à la fois morale et pécuniaire, encore qu'il n'ait souvent à lui aucun bien, parce qu'à défaut d'objets sur lesquels il puisse exercer sa propriété, il aura toujours des droits à faire valoir, une volonté à diriger, une ligne de conduite à suivre, en un mot, une « *personnalité* ».

C'est de cette « *personnalité* » que les jurisconsultes ont déduit l'idée du « *Patrimoine* », universalité juridique composée des biens présents et éventuels d'un individu, susceptibles d'être évalués en argent, étiquette, enfin, de tous les avantages auxquels lui donne droit son entrée dans la vie. Toute personne naît donc avec un patrimoine, s'identifiant en quelque sorte et mourant avec elle, puisqu'il n'en est qu'une émanation.

Mais, pratiquement, le patrimoine se présente sous un autre aspect, on l'entend autrement : il perd son caractère intellectuel, il a une consistance, on l'envisage

au point de vue non plus de ce qu'il est en lui-même,
mais de ce qui le compose ; on l'exprimera par l'idée
matérielle que l'on se fait de lui en ne voyant plus que
les objets corporels ou incorporels dont il est formé.
C'est ainsi que succéder à un patrimoine c'est, en fait,
recueillir les biens extérieurs laissés par le défunt, et
formant une masse partageable ; toute idée de continuation de personnes est fictive ; — succéder devient
un mode d'acquérir issu des besoins économiques et
réglementé par la loi.

Comment cette transmission s'opère-t-elle ?

C'est là tout le problème de la saisine.

Dans notre droit actuel, la transmission d'une hérédité s'opère « ipso jure » dès le décès, à l'insu même du
titulaire, qu'il soit appelé par la loi ou par la volonté
du testateur. Tout héritier, sans distinction, tout légataire, devient propriétaire, pour ainsi dire mécaniquement, en dehors de toute formalité, l'acceptation qu'il
fera plus tard de son titre n'étant, de sa part, que la
ratification de l'œuvre de la loi ; — un instant de raison suffit à fixer son droit sur sa tête et à le rendre
transmissible : un fou, un enfant simplement conçu,
peuvent ainsi recueillir des biens dont ils ignorent
l'existence et la portée. C'est là un grand principe
consacré par notre code « art. 711 et 1014 » et qui fut,
sauf en ce qui concerne les héritiers nécessaires,
ignoré du Droit romain, où l'hérédité jusqu'à ce que
l'addition solennelle en ait été faite restait « jacens », où
le premier venu pouvait, par conséquent, s'en emparer comme d'une « Res Nullius » ; il a fallu, pour faire
cesser un tel état de choses, l'intervention des juristes

de l'époque classique, qui créèrent la formule de l' « *Hereditas jacens personam defuncti sustinet* », par laquelle on faisait fictivement survivre le défunt à lui-même, pour que ses biens ne restassent pas sans maître.

Mais de ce que chez nous tous les successeurs sont « *ipso jure* », investis des biens qui leur échoient, en pleine propriété, en résulte-t-il qu'ils en aient la possession ?

Juridiquement, les deux notions se conçoivent indépendantes : d'abord confuse, née qu'elle est de la propriété, la possession a été dégagée et définie par les Romains qui nous l'ont transmise telle que nous la connaissons. Posséder, c'est avoir la main-mise sur tels objets dont on prétend disposer à sa guise, c'est réunir à la volonté d'être propriétaire, à l' « *animus* », élément intellectuel, cet autre élément matériel le « *corpus* », c'est-à-dire l'appréhension physique d'une chose déterminée. Par où l'on voit que la propriété, pur état de droit, n'est parfaite qu'autant qu'on y joint la possession, l'état de fait, l'exercice effectif des avantages concédés à tout « *Dominus* », et qu'être propriétaire sans posséder c'est avoir un titre purement nominal, dont on ne jouit pas et, par suite, inutile.

Il semble donc à première vue qu'un successeur, quel qu'il soit, sous peine de rendre illusoire son titre de propriétaire immédiat et de nier les effets de la transmissibilité « *ipso jure* » de l'hérédité, doive également posséder, pourvu, bien entendu, que comme tout autre acquéreur, il ait eu soin d'appréhender matériellement les biens héréditaires, s'il ne veut pas qu'un possesseur plus diligent vienne spéculer sur sa négligence.

Il n'en est pas ainsi; notre Code, à l'article 724, a posé une règle spéciale et fait une distinction :

« *Les héritiers légitimes et les héritiers naturels sont* « *saisis de plein droit des biens, droits et actions du* « *défunt sous l'obligation d'acquitter toutes les charges de* « *la succession. L'époux survivant et l'État* (ajoutez : *et* « *les légataires, sauf article 1006) doivent se faire en-* « *voyer en possession* ».

De l'avis unanime, c'est la reproduction de la formule du droit coutumier : « *Le mort saisit le vif, son hoir le* *plus proche et habile à lui succéder* » ; on reconnaît que cette maxime a trait à la possession de l'hérédité, mais sitôt qu'il s'agit de fixer cette notion vague, d'en établir nettement la filiation, le désaccord éclate, aucune théorie ne se dégage qui se doive imposer. Si l'on cherche, en effet, parmi les auteurs une définition qui soit uniforme et précise, on est fort embarrassé de la trouver. En cette difficile matière, la doctrine et la jurisprudence sont l'une et l'autre hésitantes, on sent qu'un point d'appui solide manque à toute investigation et si la base est variable, à plus forte raison les résultats le seront-ils. La brièveté du Code qui ne s'explique que dans notre unique article 724 en est la cause.

Certains héritiers sont « *saisis* », d'autres ne le sont pas ; que signifient ces mots ; quels effets doit-on y attacher ?

Voilà ce qu'il est difficile « *a priori* » de pénétrer. Le législateur, à tort ou à raison, a cru devoir conser-

ver une théorie sur laquelle il s'est insuffisamment
expliqué, sans aucun doute parce qu'il n'avait pas non
plus sur elle d'idées bien arrêtées ; on s'est efforcé,
dès lors, de démêler sa pensée, mais en vain, car
l'entente, depuis un siècle, n'a pu se faire encore. Des
controverses sont nées du doute où l'on était, au grand
détriment des solutions pratiques, mais la lumière ne
s'est pas faite ; et si nous abordons ce sujet, ce n'est
pas avec la prétention d'y apporter de la clarté ni d'en
trouver une formule nouvelle ; notre but est plus
simple. Nous voulons seulement, pour en tirer un enseignement législatif, signaler l'incertitude qui règne
en cette matière, montrer l'insuffisance des explications qu'on a tenté d'en donner et les conséquences
souvent bizarres, parfois inadmissibles auxquelles on
est fatalement conduit.

La saisine fait naître de graves difficultés ; nous pouvons donc la critiquer en elle-même, faire toucher du
doigt l'erreur du législateur et souhaiter une réforme
d'autant plus indispensable que d'autres pays l'ont
accomplie.

Le Code a vieilli, il n'est plus en rapport avec nos
usages sociaux ni notre vie nouvelle ; il a trop puisé
aux sources anciennes et son œuvre est pleine de souvenirs qui n'ont plus lieu de subsister à notre époque :
la théorie de la saisine en est un exemple ; nous la
tenons pour inutile et surannée ; elle devrait dis-
paraître au grand avantage de la logique et de la simplicité.

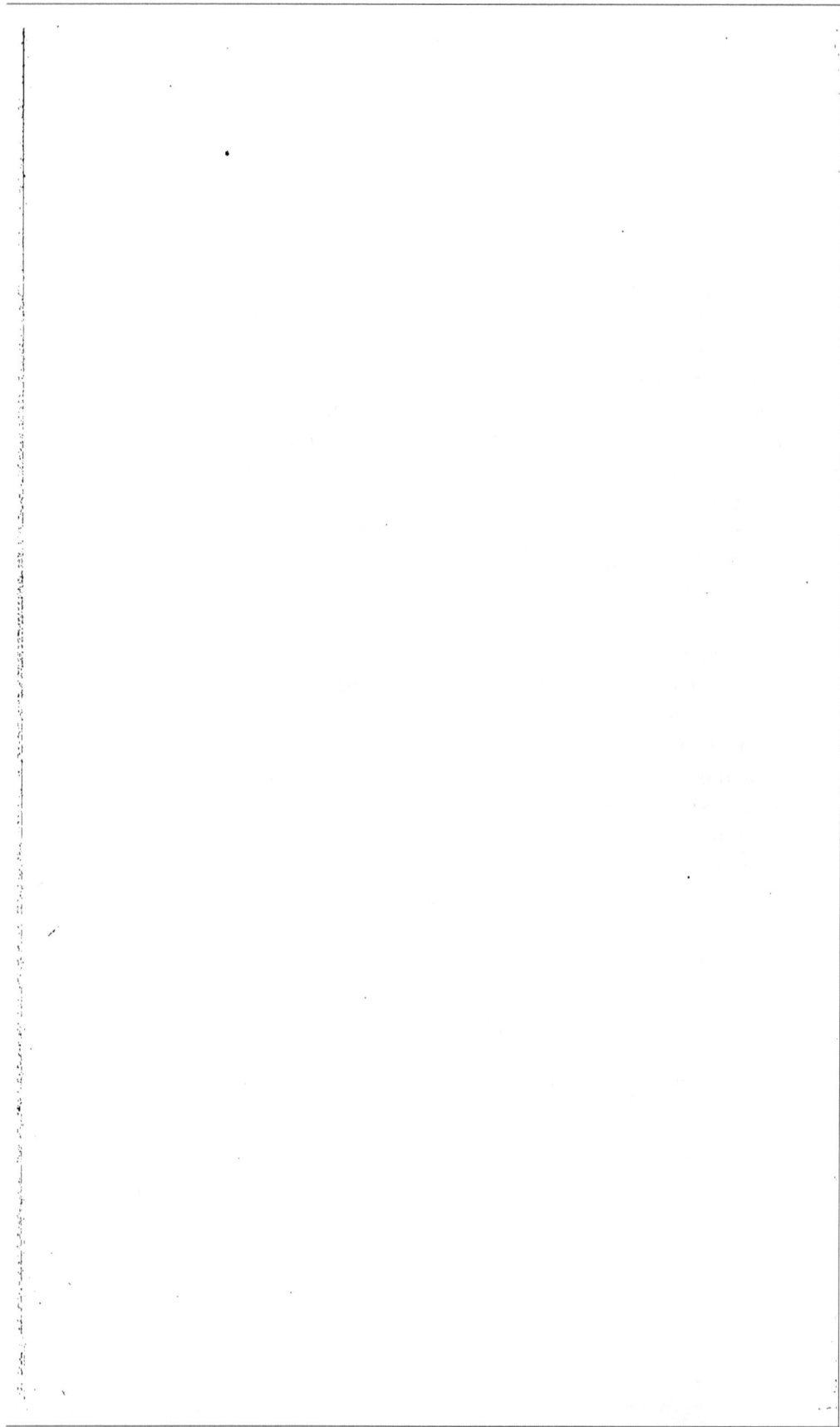

ÉTUDE CRITIQUE

DE LA

NOTION DE SAISINE

CHAPITRE PREMIER

Notion de la Saisine dans la doctrine

A. Obscurité de son origine. — Les origines de
la Saisine sont obscures et point n'est ici notre intention
d'en entreprendre l'étude. Les auteurs de l'ancien droit
étaient à ce point de vue aussi ignorants de la chose
que nous le sommes ; l'un d'eux disait que la règle
« *Le mort saisit le vif* » était si « *vieille* » qu'il ne fallait
pas tenter d'en retrouver la racine, et Cujas, de son
côté, allait jusqu'à dire qu'on l'avait « *ramassée dans
la rue* ».

Que la Saisine descende du droit romain, comme de
récents travaux semblent le prétendre, du droit germanique, du droit féodal, ou de ces trois sources à la fois
(Lambert : *de l'Exhérédation*, n° 148), il est difficile de

se prononcer sans appel, chacune de ces opinions ayant ses ardents défenseurs. Quoi qu'il en soit, il est certain, comme l'a fait remarquer Demolombe, que la règle « *Le mort saisit le vif* » remonte à une époque où la transmission de la propriété s'est transformée, où les formalités matérielles ont été supprimées et remplacées par des fictions ou des clauses de style. Au point de vue successoral, un moment vint où l'héritier fut proclamé propriétaire du jour du décès, sans qu'aucune cérémonie extérieure ne fut plus nécessaire.

Dans nos pays de coutume en particulier, où le seigneur « *ensaisinait* » son vassal, il semble bien qu'on utilisa, si l'on ne créa pas, notre formule du « *mort* « *saisit le vif* » pour détruire la « *fiction seigneuriale* ». Les biens héréditaires furent ainsi censés transmis par le défunt lui-même, dès son décès, au grand profit des successibles ainsi déchargés des droits de reliefs « *devenus odieux* ».

Écoutons Ferrière :

« *La maxime : le mort saisit le vif, signifie que l'héritier,* « *à la mort du défunt, est fait seigneur et propriétaire de* « *tous biens et même possesseur d'iceux, sans aucune* « *appréhension* ».

Pothier nous dit également qu'en droit français notre règle signifie que la succession « *est acquise dès* « *la mort du défunt* ».

Sur de tels témoignages et d'après les précédents historiques, on serait tenté de décider que la Saisine n'avait trait qu'à la propriété. Si cela fut vrai tout au début, de bonne heure il n'en fut plus de même, la Saisine se transforma : on parla de Saisine de propriété et de Saisine de possession, on confondit l'une et l'autre, de telle sorte que les recherches de l'interprète perdent, dès lors, toute direction. C'est ainsi que Ferrière dit plus loin *(Commentaire,* t. IV, n° 5), que l'effet de notre règle est « *de continuer la possession du défunt* » dans la personne de son héritier ; de même Pothier : « *saisit* », c'est-à-dire « *est censé mettre en possession de tous ses droits* ».

Actuellement, il est bien évident que le Code, dans son article 724, n'a pas voulu faire allusion au transfert de propriété. C'eût été de sa part se contredire trop visiblement. Cependant, la confusion des anciens auteurs s'est propagée jusqu'à nous, et certains enseignent encore (Toullier, Chabot, Duranton) que l'acquisition du droit héréditaire et la transmissibilité sont des effets de la Saisine. Cette doctrine, qui est impossible, puisque l'art. 1014 pose que tout légataire a un droit transmissible du jour du décès, et qui est en plus contradictoire, puisque ces mêmes auteurs admettent également que les irréguliers acquièrent leurs droits. « *A Die mortis* », nous prouve dès le début de notre étude, combien indécises sont les idées sur un principe que l'on dit directeur de notre système successoral !

Nous allons voir qu'elles le sont toujours autant, encore qu'il ne s'agisse plus maintenant que de régler une question de possession, en parcourant et la doctrine et la jurisprudence.

B. La Saisine, c'est la Possession elle-même. — Quelque divisée que soit la doctrine, sitôt qu'il s'agit de donner des solutions pratiques aux principes qu'elle a posés, on peut cependant, en théorie, dégager deux opinions bien distinctes : l'une ancienne et basée sur les précédents historiques, l'autre plus récente, moins juridique, plus subtile, et s'appuyant sur des arguments rationnels. Voyons-les toutes les deux avec les conséquences qu'elles entraînent.

La transmissibilité « *ipso jure* » de la propriété, étant posée pour tous les successeurs — dit-on dans la première — notre législateur n'en a pas donné les attributs effectifs à tous les héritiers. Qui est propriétaire n'est pas nécessairement possesseur : qui est « *saisi* » sera, au contraire, et propriétaire et possesseur du jour du décès. La Saisine, c'est donc la possession elle-même : c'est celle du défunt avec toutes ses prérogatives, continuée par l'héritier, sans arrêt, à son insu, et sans aucun fait de sa part ! Si, jadis, c'était le défunt qui était censé remettre lui-même sa possession à l'héritier, aujourd'hui, c'est la loi ; au fond rien n'est changé.

« *Quand les coutumes disent que le mort saisit le vif,*
« écrit Dumoulin, *cela signifie que la possession du défunt*
« *se continue après sa mort dans la personne de l'héritier.*
« *La possession de l'héritier n'est donc ni nouvelle ni autre ;*
« *elle est identiquement et absolument telle que le défunt*
« *l'avait à sa mort* ».

Tiraqueau dit de la Saisine qu'elle rend le vif possesseur, comme Charondas, qu'elle : « *le rend et le fait*
« *possesseur* ». Ailleurs, un auteur moderne (Laurent), parlant de l'article 724, reconnaît qu'il signifie que « *Les Héritiers ont la possession en vertu de la loi* ».

Pour Aubry et Rau, l'effet propre et caractéristique

de la Saisine, c'est qu'elle investit celui qui en est titulaire « *non seulement de la propriété, mais même de la* « *possession civile de l'hérédité* ».

La Saisine, ainsi comprise, semble donc bien être celle que les anciens auteurs avaient connue ; sans doute, comme nous l'avons fait remarquer, ils lui avaient attaché aussi l'effet de la transmissibilité de la propriété (qu'ils ont confondue avec celle de la possession), mais la chose n'est plus possible aujourd'hui, le Code, sur ce point du moins, s'étant clairement expliqué ; et nous ne devons plus retenir que ce qu'ils ont dit de la possession.

Ainsi, le législateur aurait fait des successeurs deux classes : les uns, tout à fait privilégiés, les héritiers légitimes, qui dès le décès auraient et propriété et possession, les autres, successeurs irréguliers et testamentaires, qui bien que propriétaires seraient privés de la possession jusqu'à ce qu'ils y soient envoyés ou qu'ils aient formé une demande en délivrance. C'était une division connue du Droit coutumier, sauf à savoir, vu la contradiction des textes, si à cette époque les héritiers non saisis, avaient comme chez nous la propriété des biens héréditaires « *ipso jure* » ; en tous cas il paraît certain qu'ils n'en avaient pas la possession. Notre Code aurait de plus fait une innovation, en plaçant le Légataire universel en concours avec des non-réservataires, sur la même ligne que les héritiers légitimes — rompant par là avec les précédents historiques, et ne semblant plus reconnaître à la consanguinité, cet effet propre qu'elle avait autrefois d'établir entre le défunt et l'héritier une continuité de personnes, faisant fictivement survivre le premier dans le second. Le légataire n'est en effet qu'un étranger et ne peut pas prétendre aux attributs du droit du sang.

Pourquoi cette distinction? Pourquoi si tous les successeurs sont propriétaires, ne pas à tous leur donner la possession? Ce n'est pas assurément comme on l'a dit que la Saisine est un « *Titre d'honneur* » — la question n'en demeurerait pas moins. C'est que, a-t-on répondu, tant que les droits des successeurs ne sont pas définitivement établis, il serait imprudent de les laisser les exercer ; l'hérédité devrait être vacante jusqu'à ce que ses titulaires soient officiellement reconnus et pour que les biens ne dépérissent pas il faudrait nommer un Curateur ! Or ce serait là des formalités coûteuses, il y aurait des abus à craindre ; n'est-il pas dès lors plus prudent et plus naturel de confier cette administration, au lieu de la morceler, à celui qui de par la loi est le plus apte à la faire fructifier, à l'héritier du sang ? Le plus souvent, en effet, il administrera ses propres intérêts, puisqu'il est éventuellement appelé à défaut de tout autre ; même s'il est primé par des légataires, il peut espérer jusqu'à la délivrance que les legs seront caducs et lui feront retour (Laurent, IX, § 130).

Encore que cette explication ne semble pas péremptoire pour asseoir la division du Code, et nous réservant de la critiquer en même temps que celle donnée par les partisans de la deuxième théorie de la Saisine, acceptons la, et voyons les résultats où elle conduit.

De ce que la Saisine n'est qu'une possession conti-

nuée, de ce qu'elle supplée fictivement à une détention matérielle. il en résulte qu'elle ne peut produire,
au profit de notre première classe de successeurs,
d'autres effets que ceux attachés à la possession ordinaire. Toute appréhension effective des biens héréditaires va devenir inutile, elle s'opérera sans conditions
ni formalités ; l'héritier exercera de lui-même et quand
bon lui semblera les actions tant possessoires que
pétitoires. de même que les créanciers de la succession
pourront immédiatement le poursuivre. Il va continuer la possession du défunt. qui de ce fait n'étant
pas interrompue, pourra le conduire à la prescription
bien que lui-même n'ait pas possédé le temps nécessaire ; de même si le défunt n'avait possédé que six
mois, bien que son héritier ne connaisse et n'accepte
sa succession que six mois après, de ce jour il pourra
se prévaloir de la possession dite « *annale* » et en utiliser
les profits.

Au contraire, il va de soi que l'héritier irrégulier
doive être privé de ces effets qui découlent de la Saisine : il ne pourra pas appréhender les biens héréditaires sous peine de s'immiscer dans la chose d'autrui,
il devra attendre son envoi en possession ou sa mise
en délivrance.

C'est là peut-être l'unique point qui ne soit pas dis-
cuté par les auteurs !

Il semble en effet qu'il ne pourra pas non plus
administrer, exercer des actions ou être poursuivi ;
cesserait faire acte de possession et il ne le peut
pas !

Tous ceux qui voient dans la Saisine une possession

continuée, le proclament du reste, et il n'y a là rien que de très logique (Laurent, Aubry et Rau).

Cependant il est enseigné par quelques partisans de la contre-théorie de la Saisine-possession que l'héritier irrégulier est autorisé et quelquefois même obligé comme l'héritier saisi à faire des actes de conservation, à administrer, en un mot, avant le jugement d'envoi ! (Vazeilles, t. I, p. 120).

De leur côté, Aubry et Rau ont admis que l'héritier irrégulier qui s'est immiscé dans l'hérédité peut-être poursuivi par les tiers créanciers, comme conséquence d'une position qu'ils se sont créée eux-mêmes (Aubry et Rau, t. IV, p. 533) !

La bonne harmonie des auteurs est déjà rompue, mais ce n'est là qu'un commencement.

D'après ce que nous avons dit de la Saisine, en effet, il faudrait décider que les successeurs irréguliers ne commencent à posséder que du jour de l'envoi ou de la demande de la délivrance, que par conséquent aucune prescription n'est possible pour eux hormis celle accomplie de leur propre fait, — celle du défunt ayant été interrompue. C'est assurément très grave, tout à fait contraire à l'intérêt public, mais pourtant fatal si l'on veut appliquer les effets de la notion de possession, et de plus c'est l'interprétation littérale de l'article 724 ! Un auteur qui ne nie pas ce résultat, ne l'admet cependant que lorsque les successeurs non saisis ne sont pas en concours avec des héritiers légitimes ; car dans le cas contraire, selon lui, vu la jonction possible des possessions, il n'y a pas eu d'interruption, les héritiers légitimes ayant possédé pour les irréguliers. C'est déjà là une concession, si elle respecte le principe elle ne l'affaiblit pas moins. (Huc,V, p. 49).

L'interruption n'est en aucun cas possible, diront d'autres. Ainsi qu'on le verra bientôt, c'est même pour en arriver là que l'on a proposé de la Saisine une toute autre conception. Mais le plus curieux, c'est que quelques-uns de ceux qui maintiennent la Saisine comme étant la possession elle-même, sont de cet avis.

La possession, disent-ils, n'est pas interrompue pour ceux qui n'ont pas la saisine, elle n'est que « *suspendue* » ou encore, ils font intervenir une idée de rétroactivité dans l'envoi en possession, ou revivre la fiction de « l'*Hereditas jacens* ».

Cela est souhaitable leur répond-on, mais n'est écrit nulle part ; aux moyens proposés il faudrait un appui qui fait défaut ; puis, l'idée pure de Saisine telle qu'elle a été esquissée, c'est-à-dire synonyme de possession, se refuse à cette interprétation, ce serait la transformer que de ne pas lui reconnaître l'effet produit par son absence, c'est-à-dire l'interruption.

Aussi a-t-on cherché encore à toucher le même but autrement : M. Baudry-Lacantinerie a cru y parvenir :

« *Le résultat, dit cet auteur, se produirait alors même*
« *que la Saisine n'existerait pas ; car la mort du posses-*
« *seur qui a commencé à prescrire, n'est dans notre droit,*
« *ni une cause de suspension ni d'interruption de la*
« *prescription. Elle n'est pas une cause de suspension,*
« *parce qu'elle ne figure pas sur la liste limitative de la*

« loi. Elle n'est pas non plus une cause d'interruption;
« en effet l'interruption est civile ou naturelle; la mort
« du possesseur ne pourrait amener qu'une interruption
« naturelle; or d'après l'art. 2243 elle n'a lieu que si le
« possesseur est privé pendant plus d'un an de la jouissance
« de la chose. Par conséquent, si l'héritier du possesseur
« défunt entre en possession de fait, avant qu'un tiers ait
« acquis la possession annale, la prescription ne sera pas
« interrompue. » (Droit civil, II, § 31.)

Et la conclusion en est que la prescription commencée par le défunt se continue au profit de tous les
successeurs « saisis » ou non.

De telle sorte que quel que soit le mode d'explication adopté, on arrive, quoique parti d'un même
point de départ, à des conséquences diamétralement
opposées. Dès le début de notre étude, l'incertitude
apparaît donc, alors qu'il serait du plus grand intérêt,
dans une question qui n'est pas seulement théorique,
d'obtenir une entente parfaite. Si la saisine était
mieux connue, ou plutôt si elle était bien ce qu'on la
croit, c'est-à-dire indispensable et rouage directeur
de notre système successoral, on n'irait pas ainsi à
l'aventure et de tels doutes ne subsisteraient pas.

C. **La Saisine, c'est l'exercice du droit de
Possession.** — Sans doute, est-ce pour éviter des
solutions trop nuisibles à la pratique, qu'un important
parti de la doctrine a donné de la Saisine une toute
autre idée que celle précédemment émise. C'est la
deuxième opinion que nous avons annoncée.

La Saisine, dira-t-on, n'est pas la possession; la

bizarrerie des conséquences auxquelles un tel système conduit, le doit faire éviter. Si la tradition, malgré sa confusion, semble avoir incliné vers un tel avis, c'est qu'elle n'a pas fait une analyse exacte du droit héréditaire; au surplus, il est certain que depuis sa formation, à mesure que l'éducation juridique s'est affinée, la Saisine a subi une lente évolution d'où est sortie cette phase nouvelle sous laquelle on la présente. La Saisine n'est pas la possession, dira Demolombe *« c'est une qualité de la possession qui la rend susceptible d'effets civils »*, et Mourlon : *« l'exercice des droits et actions du défunt. »* Elle ne devient plus qu'un titre qui va permettre à ceux qui l'ont, de joindre à la possession de droit celle de fait. Tous les successeurs, quels qu'ils soient, sont donc traités de même : dès le décès, tous ils sont *« ipso jure »* propriétaires et possesseurs, créanciers et débiteurs, mais l'héritier saisi peut seul profiter immédiatement de son droit, tandis que l'héritier irrégulier ne le peut pas (Demante, III, 24.)

Et l'on raisonne ainsi : Si la possession et la propriété sont deux états pouvant ne pas coexister, du moins n'ont-ils formé à l'origine qu'une seule et même notion, la possession n'ayant été dégagée que plus tard pour devenir l'accessoire de la propriété. Il ne faut pas perdre de vue que leur séparation tout à fait contraire à la fortune foncière, n'est et ne peut être qu'une exception; un propriétaire n'est pas propriétaire s'il n'a pas à sa disposition les prérogatives attachées à son droit, qui par nature est irrévocable exclusif et absolu, s'il ne peut à son gré *« uti frui et*

abuti » suivant l'expression concise du droit romain ;
ce serait lui retirer d'une main ce qu'on lui accorde
de l'autre. Or pour cela, il faut qu'il possède, posséder
étant la seule manière de se comporter en propriétaire. Du jour du décès, tout successeur devenant de
droit propriétaire des biens héréditaires, va donc
pouvoir, comme tout autre propriétaire, et au même
titre que le défunt, joindre l'exercice au droit et posséder. Cela est d'autant plus naturel que la possession
prise isolément, pas plus que la propriété n'a besoin
de manifestation extérieure pour être transmise d'un
auteur à son ayant cause. C'est ce qui a lieu dans la
« *jonction des Possessions.* » Si en tant qu'état de fait,
celle-ci ne peut en réalité passer d'une personne à
une autre, du moins les avantages y attachés, grâce à
leur caractère immatériel iront « *ipso facto* » au nouveau
possesseur, à titre d'accessoires et de moyens de
défense du droit transmis. C'est ainsi que pour usucaper, un acquéreur peut joindre sa possession à celle
de son « *tradens;* » et à ce point de vue pas de distinctions à faire entre les successeurs universels et
particuliers : si même l'un des deux est avantagé,
c'est assurément le successeur particulier qui, à son
choix peut se prévaloir de sa propre possession, ou
la joindre à celle du défunt, suivant son bénéfice,
tandis que le successeur universel continue seulement
la possession du « *de cujus* » avec ses qualités et
ses vices.

On arrive donc ainsi à décider que tout héritier est
à la fois propriétaire et possesseur, pour ainsi dire
naturellement. Puis scindant la possession elle même

en deux éléments, les partisans de cette théorie posent que si tous les successeurs ont le droit de possession, l'exercice en a été retiré à quelques-uns, à ceux qui n'ont pas la Saisine ; et c'est ainsi que pour eux la Saisine n'est plus que « *l'exercice du droit de possession* ». — Nous verrons tout à l'heure que c'est là justement le défaut de la cuirasse de ce système, qui rend divisible une notion qui par sa nature d'état de fait ne peut pas l'être. Mais passons.

La Saisine pour ceux qui en sont investis n'apparaît donc que comme une Saisine de « *fait* », constituant un privilège essentiellement pratique. Comment dès lors en justifier la raison d'être.

Pourquoi l'exercice de ce droit ne sera-t-il pas accordé à tous ?

Ici encore on parlera de la nécessité d'une administration des biens héréditaires, mais ce ne sera qu'une idée secondaire ; le facteur essentiel de la Saisine ce sera la vérification des divers titres des successeurs. L'héritier du sang, par sa consanguinité même, a un titre dont la valeur est de premier ordre et la preuve irréfutable ; au contraire, moins sûr est celui des autres successeurs : leur présence excluant les héritiers légitimes, est un fait anormal, contraire au droit naturel et de plus à la vieille maxime coutumière « *Dieu seul fait des Héritiers* » que l'esprit du code semble, bien en partie du moins, avoir respectée. On doit ainsi avoir des doutes sur les mobiles d'un père qui n'a pas laissé à ses enfants sa fortune, sur la capacité juridique ou la moralité des étrangers à qui il a, soi-disant, donné son affection ; et c'est pourquoi, jusqu'à

ce que le droit de ces derniers soit officiellement reconnu, on en laisse l'exercice à ceux que l'ordre naturel aurai préféré ; que de testaments, par exemple, sont
attaqués par ceux qu'ils dépouillent ! Dans le cas de
l'article 1006, le légataire universel est traité avec la
même confiance que les héritiers légitimes, parce que
l'acte du défunt se comprend mieux ; on conçoit en
effet que celui-ci à défaut d'héritiers réservataires, c'est-
à-dire de proches parents, ait pu s'attacher à un étranger au point de lui léguer tous ses biens et de le faire
passer avant des héritiers d'un degré inférieur ! Ici
on n'a pas la même raison, pour suspecter ce qu'il a
fait !

La Saisine n'est plus une entité juridique fictive,
devant suppléer à des résultats que le mécanisme héréditaire produit naturellement ; tous les successeurs,
relativement au droit de possession, étant mis sur la
même ligne, elle devient pour ceux qui l'ont, une sorte
de garantie d'un droit qui, quoique égal, est présumé
meilleur et qui de ce fait est dispensé de toute formalité, quant à son exercice.

Cette formalité nécessaire en revanche, aux héritiers irréguliers ou testamentaires, c'est l'envoi en
possession ou la délivrance.

Demolombe qui fût le plus ardent défenseur de cette
opinion, après avoir dit que la transmission héréditaire n'est parfaite que si on a la Saisine de la propriété et
la Saisine de la possession (remettant ainsi en honneur
la division des auteurs de l'ancien droit), s'efforce de
démontrer que tous les successeurs ont l'une et l'autre
sous le nom général de Saisine. Puis il ajoute qu'elle

sera « *légale* » pour les héritiers légitimes et « *judiciaire* »
pour les irréguliers, c'est-à-dire que pour ces derniers
elle ne produira effet que par l'intermédiaire de la justice. D'où il conclut que l'envoi en possession « *vaut
Saisine* » rendant ainsi définitif un droit qui jusque
là n'était que conditionnel, de telle sorte que les héritiers irréguliers « *de même que les héritiers légitimes,
seront réputés après l'envoi en possession, avoir succédé
immédiatement au défunt* « *jam tune a morte* ». En d'autres
termes la condition mise à l'exercice du droit, savoir
l'envoi en possession ou la demande en délivrance,
ayant été accomplie, rétroagit et efface de ce moment
et dans le passé, toute différence entre les divers successeurs. — On pressent dès lors les conséquences de
cette doctrine. Son but essentiel d'éviter toute interruption de possession est atteint, puisque le droit primitif des irréguliers est en tout semblable à celui des
autres héritiers ; sans doute avant l'envoi en possession, ce n'est qu'un droit latent, mais qu'importe, il
existe et cela suffit ! Jusque là cependant on reconnaît
que les héritiers irréguliers ne pourront ni appréhender les biens héréditaires, ni actionner, ni être action-
nés, sauf les dissentiments que nous avons signalés.
(V. plus haut Vazeilles, Aubry et Rau.)

L'envoi en possession une fois prononcé, toute détention matérielle devient inutile ; la prise de possession
s'opère d'elle-même comme elle s'est opérée pour les
héritiers légitimes : aussitôt donc les héritiers irréguliers vont pouvoir se comporter comme eux lors du
décès, exercer toutes actions possessoires et pétitoires,
avant toute appréhension de fait, ce que la précé-

dente théorie plus respectueuse de la nature même de la possession, ne veut pas admettre !

D. Autres controverses nées de la Saisine. — D'autres questions que celles jusqu'ici touchées et également controversées, découlent de la Saisine ; leur examen rapide achèvera de mettre en lumière les incertitudes dont elle est la cause, et fera mieux comprendre les doutes que l'on peut garder sur son utilité.

a) Dominés par elle, et la croyant primordiale, des auteurs l'ont tenue pour créatrice des principaux effets juridiques issus de la matière des successions sans se douter des confusions qu'ils faisaient, des complications et souvent même des contradictions auxquelles ils arrivaient, alors qu'en ne demandant pas à la Saisine, ce qu'elle ne peut donner, on est conduit à des solutions plus simples et mieux coordonnées.

C'est ainsi, rappelons-le, que la transmissibilité du droit héréditaire a été et est encore par quelques-uns, regardée comme un effet de la Saisine.

C'est chose insoutenable, avons-nous déjà dit, devant les articles formels du code, qui ne font à cet égard aucune distinction entre les héritiers légitimes et les autres.

C'est aller volontairement à une contradiction.

Pour ceux-là même qui ne voient dans la Saisine qu'une condition suspensive d'un droit préexistant, comment expliquer qu'un légataire particulier transmette ses droits, s'il meurt avant toute demande en délivrance ?

Aucun effet rétroactif n'a pu se produire et cependant la transmission a eu lieu !

On s'appuie, il est vrai, soi-disant, sur un témoignage de Pothier qui en aurait ainsi décidé (*Successions*, III *Sect.* II); mais comme l'a très bien fait remarquer Laurent, on ne peut accuser Pothier d'une telle inconséquence : tout au plus, y a-t-il eu chez lui confusion. Il est impossible qu'il ait entendu que la transmission héréditaire vienne de la Saisine, lui surtout qui voyait en elle la possession tout entière ; comment le droit transmis, c'est-à-dire la propriété, découlerait-il de la possession ? « *Ce serait une hérésie juridique* ». Non, il y a eu confusion parce que la plupart des auteurs français de l'ancien droit ont donné à la transmission de la propriété le nom de Saisine ; en ce sens alors il est certain que c'en est un effet.

Contradiction également quand on veut prétendre que le droit d'accroissement est l'œuvre de la Saisine ; car tous les colégataires conjoints en jouissent et cependant ils n'ont pas la Saisine. « *Le droit d'accroissement fait partie du legs même* », il en est une qualité intrinsèque, profitant à tous ceux à qui il est transmis. Encore ici, Pothier que l'on invoque a été victime de la confusion que nous venons de signaler.

De même on a soutenu que le principe déclaratif du partage, venait de cette vieille maxime « *Le mort saisit le vif, dont il n'aurait été que le développement normal* » (Demolombe, *Ibidem;* De Valroger) et que l'article 877 qui rend exécutoires contre l'héritier les titres qui l'étaient contre le défunt, en procédait également (Demolombe).

Or, en ce qui concerne la rétroactivité du partage, elle

s'explique bien plus simplement par la nature même du droit de copropriété qui suivant Dumoulin s'étend « *in toto et in tota qualibet parte* » et aussi par l'effet résolutoire attaché à l'exercice du droit de partage, exercice ouvert à tous en vertu de cette autre règle *Nul n'est tenu de rester dans l'indivision* ». Quant à son origine, elle est l'œuvre de la pratique qui l'a créée pour éviter tous circuits d'actions entre copartageants. — Relativement à l'article 877, n'étant qu'une conséquence de ce fait que les créanciers du défunt peuvent agir contre l'héritier, comme ils le pouvaient contre le défunt et par les mêmes moyens, — on est étonné que Demolombe en rattachant cet article à la Saisine, soit venu se donner à lui-même un démenti, puisqu'il avait posé d'autre part, ainsi que nous le verrons, que l'obligation aux dettes ne découle pas de la Saisine ; dès lors pourquoi admettre pour un corollaire, ce que l'on rejette pour le principe ?

b) Le droit aux fruits est-il une qualité de la Saisine ?

Proudhon l'a soutenu, car selon lui ils étaient dus « *à celui qui a la Saisine* » c'est-à-dire à celui qui ayant la possession, a la qualité de « *Possesseur légitime à laquelle le gain des fruits est toujours attaché* » *(De l'Usufruit,* t. 1, p. 315). Si cela est vrai, il faut décider que les successeurs irréguliers et testamentaires n'y auront jamais droit qu'à dater de leur envoi en possession ; le contraire est cependant écrit en toutes lettres au Code (1014 et 1015). Il faut également décider alors, que les héritiers saisis gagnent même les fruits des biens auxquels ils ne succèdent pas, mais qu'ils ont possédés jusqu'à la délivrance ! Ce serait aller dans le domaine de l'invention.

D'autre part, l'article 547 a posé que les fruits appartenaient, à titre d'accessoires, au propriétaire, que par suite, s'ils vont à d'autres qu'à lui, ce ne peut être qu'à titre d'exception, et comme toute exception doit être écrite formellement, on ne peut pas d'un cas spécial tirer une règle générale. S'il est vrai que le possesseur de bonne foi a droit aux fruits qu'il a perçus, il ne faut pas oublier que l'héritier saisi ou non, est avant tout propriétaire et ce n'est que ce titre là qu'on doit mettre en avant.

Les partisans de la théorie de l'envoi en possession « *valant Saisine* » arrivent au même résultat que Proudhon.

En effet, disent-ils, tous les successeurs étant propriétaires et possesseurs de droit, et l'envoi en possession, pour ceux qui n'ont pas l'exercice de leur droit, venant à rétroagir, la situation redevient entière pour tous, et pour tous, les fruits sont dus comme ils l'étaient au jour de l'ouverture.

La conséquence est logique en tant qu'elle est produite par la rétroactivité ; mais admettant même ce point de départ, outre les objections faites plus haut, et qui peuvent être répétées ici, comment expliquer l'article 1005 qui ne donne au légataire universel la jouissance de son legs qu'à compter de la demande en délivrance, si cette demande n'a pas été faite dans l'année ?

Si les fruits sont dus à tous les successeurs sans distinction, du jour du décès, on fait table rase des textes du code, ce qui condamne tout le système.

Voilà encore où l'obscurité des idées nous conduit, soulignant la fragilité de la base d'un principe mal connu.

c) La question de l'obligation aux dettes, d'un haut intérêt pratique, est aussi l'objet de vives controverses à cause du rôle que certains veulent y faire jouer à la Saisine. L'héritier légitime est tenu des dettes *in infinitum*, s'il n'accepte sous bénéfice d'inventaire, tout le monde le reconnaît ; mais est-ce parce qu'il est saisi ? L'article 724 semble bien le dire : « *sont saisis de plein droit des biens droits et actions du défunt sous l'obligation d'acquitter toutes les charges de la succession* » d'où il faut décider que tous les successeurs saisis, mais eux seuls, sont tenus « *ultra vires* » et que le Légataire universel ne le sera que dans le cas de l'article 1006 (Aubry et Rau, § 723 ; Delvincourt ; Toullier ; Demante, II, 142 ; Mourlon, II, 403).

Mais on objectera : Non l'obligation aux dettes n'est pas un effet de la Saisine, en tant qu'elle porte sur le patrimoine personnel de l'héritier ; c'est un effet de la continuation de la personne, et c'est une charge qui ne peut incomber qu'aux représentants posthumes du défunt ; l'héritier du sang est seul à avoir ce titre, et il faut en conséquence décider que le légataire universel, même lorsqu'il est saisi, n'est jamais tenu des dettes qu' « *intra vires* » parce qu'il ne continue pas la personne du défunt.

Il n'y a aucun rapport entre la transmission de la possession et l'obligation « *ultra vires* » ajoutera-t-on (Huc). Au surplus cette théorie était celle de Pothier.

« *Les légataires universels ne sont tenus des dettes que*

« *jusqu'à concurrence des biens auxquels ils succèdent, ils*
« *peuvent en les abandonnant se décharger des dettes ; la*
« *raison en est qu'ils ne succèdent pas à la personne du*
« *défunt, mais seulement à ses biens : ils ne sont tenus des*
« *dettes que parce qu'ils sont une charge des biens, ils*
« *n'en sont pas débiteurs personnels* ». (*Succes.* III, Sect. II.)
— (*Ibidem*, Bugnet, VIII, 243 ; Marcadé, 1006 ; Huc, V).

Il est vrai que l'on pourrait répondre que toute la
question est de savoir si le Code n'a pas voulu faire
du légataire dans l'art. 1006 un continuateur du défunt,
en étendant la première fiction.

Si encore ces deux systèmes étaient seuls en présence,
mais un troisième, laissant aussi de côté la Saisine,
vient augmenter l'incertitude. L'obligation « *ultra*
vires » posera-t-on ne vient pas de la Saisine, c'est un
effet de la vocation à l'universalité, de telle sorte que
quiconque « *saisi ou non deviendra successeur universel*
ou à titre universel sera tenu, par l'effet même de cette
qualité, ultra vires » (Demolombe, XIII, 1, 32). Faire naître l'obligation « *ultra vires* » de la Saisine, vient de ce
fait que voyant réunies dans le même sujet, la Saisine
et l'obligation « *ultra vires* », on a conclu que l'une dé-
rivait de l'autre, alors que ce sont deux points distincts
(Nicias Gaillard ; *Rev. critique*, 1860).

Voilà donc la Saisine reconnue inapte à obliger
« *ultra vires* » ; mais de ce que la chose n'est pas admise par tous, nous restons dans le doute, constatant
encore combien les soi-disant principes qu'elle engendre, sont discutés faute d'idées premières précises.

d) Il est encore d'autres sujets de controverses, relatifs ceux-là au fonctionnement même de la Saisine et qui éclatent également parmi les partisans de l'une ou l'autre définition.

La Saisine, qu'elle donne seulement l'exercice de la possession ou la possession elle-même, est-elle, par exemple, l'apanage exclusif de l'héritier appelé, ou appartient-elle solidairement à tous les parents du défunt à quelque degré qu'ils soient (jusqu'au 12e bien entendu), ont-ils tous les mêmes droits sauf à ceux les plus proches, à en profiter seuls ?

En d'autres termes, la Saisine est-elle collective ou individuelle ?

Si on la dit collective, il faut admettre — et cela au grand avantage de l'utilité pratique, — qu'un cohéritier plus éloigné, devant l'inaction de l'appelé, peut de lui-même se mettre en possession, administrer valablement et poursuivre les débiteurs (Zachariæ, t. II. p. 296).

L'opinion adverse, qui a réuni le plus de suffrages, arrive cependant à un résultat semblable : l'héritier du degré subséquent, devant l'abstention du premier héritier, va pouvoir agir à sa place, et cela « *pour éviter une situation fâcheuse* », pour empêcher les affaires de la succession de péricliter. Mais, juridiquement, un tel système ne peut conduire à d'autre conséquence qu'à laisser libre l'héritier appelé, qui, en fait, est seul maître et propriétaire des biens héréditaires ; tout ce que l'on peut dire, c'est que l'acte d'usurpation que commettra l'héritier subséquent le décidera peut-être à agir, mais ne le privera nullement du droit d'en critiquer les effets ; bien que le contraire ait été soutenu (Blondeau, *Séparation des Patrimoines*, 654), on ne peut

pas forcer un cohéritier à prendre parti, à plus forte
raison ne doit-on pas pouvoir agir valablement à sa
place. Et il faut avouer que les défenseurs de cette
idée sont fort embarrassés de régler les effets de cette
entorse qu'ils donnent, dans un intérêt public, à la
logique des idées; aussi les appréciations varient-elles
suivant les auteurs : les uns. plus juridiques, disant
que le cohéritier du premier degré peut, après coup,
faire annuler les actes faits par celui d'un degré inférieur et revendiquer valablement contre les tiers ; —
les autres, plus conciliants, voulant que l'on se montre, suivant les circonstances, plus ou moins sévères
dans les restitutions à intervenir. Bref, les avis se succèdent et aucun ne prévaut.

c) La Saisine, dont l'effet principal est de donner, pour
rester dans des termes généraux, la jouissance immédiate du droit de propriété qui appartient dès le décès
à tout successeur, n'est pas irrévocable ; on peut la
détruire par une renonciation.

On demande alors si la Saisine appartient à l'héritier sous la condition résolutoire de sa renonciation
ou sous la condition suspensive de son acceptation?

L'intérêt de la question est grand : si l'héritier est
saisi une fois pour toute, sauf son droit de renonciation, il faut décider que l'on peut agir contre lui sans
avoir à faire la preuve de son acceptation et sans
attendre aucun délai; suivant la réponse, on établira
plus aisément aussi la situation de l'héritier qui est
resté trente ans dans l'inaction, on le réputera acceptant ou renonçant.

3

Pas plus ici qu'ailleurs, l'entente n'a pu se faire :
La thèse de la Saisine opérant sous condition suspensive était celle de Pothier. « *La Saisine de l'héritier est*
« *en suspens jusqu'à ce que l'héritier se soit décidé sur le*
« *parti de l'acceptation ou de la répudiation.* » (Pothier,
Successions, chap. III, sect. II; *Ibidem*, Troplong.)

Mais on la taxe d'illogisme, car, dit-on, puisque le
« *vif* » est saisi des droits et actions du défunt, il
acquiert un droit pur et simple dont la résolution seule
est en suspens en cas de renonciation, il devient représentant du défunt; or, cette qualité ne peut être perdue par l'inaction, et, si l'héritier ne la répudie pas, il
est et demeure propriétaire et responsable vis-à-vis
les intéressés. D'où l'on conclut qu'après trente ans
d'abstention, c'est son droit de renonciation qui est
prescrit (Laurent, IX; Aubry et Rau, VI, § 610, note 6),
et que si, dans cet intervalle, les légataires se sont
mis en possession, il ne peut plus rien contre eux,
étant devenu étranger à la succession. Quant à l'héritier non saisi, après trente ans, il aura perdu le droit
d'être envoyé en possession (Baudry. II, 188). Au
contraire, avec Pothier, tant que l'acceptation n'a pas
été faite, l'héritier n'est pas héritier, et, après trente
ans d'inaction, il ne peut plus accepter, il est étranger
à la succession, que des tiers s'en soient ou non
emparés; il ne peut plus la revendiquer ni poursuivre
les débiteurs.

Nous sortirions de notre sujet en approfondissant
cette difficulté et en examinant les autres solutions
qui en ont été proposées ; nous verrons, par exemple,
qu'en cette matière la jurisprudence a une théorie

toute spéciale. Qu'il nous suffise seulement de cons-
tater encore que, dans les deux opinions émises plus
haut, la Saisine est mise en avant, qu'elle est acceptée,
mais que, sitôt que l'on pousse un peu son analyse
pour déterminer son mode de fonctionnement, on
arrive à des résultats contraires.

f) Enfin, le Code a posé, d'autre part, que l'héritier
renonçant peut revenir sur sa détermination tant que
l'héritier du degré subséquent n'a pas pris parti: cela
semble bien dire que la Saisine, en tant qu'elle permet
d'appréhender les biens, d'agir contre les débiteurs,
n'opère qu'une fois et ne va pas nécessairement et
irrévocablement au successeur du degré suivant.

Demolombe a combattu cette manière de voir et posé
que la Saisine est successive, c'est-à-dire qu'elle est
dévolue à tous les héritiers légitimes jusqu'au dou-
zième degré, qui ont tous des droits égaux, sauf pour
ceux qui ne sont pas appelés à ne les avoir qu'à l'état
latent; tout au plus, à mesure qu'elle descend, *« a-t-elle*
« moins de force et moins d'énergie? » (Arguments tirés
des termes généraux de l'article 724 et de ceux de l'article 785.)

Mais la présence d'une Saisine successive offre des
inconvénients : si tous les héritiers au degré successible sont *« saisis »*, les créanciers ne pourront agir
contre eux, et, en cas de silence, faire nommer un
curateur qu'après avoir mis chaque degré successive-
ment en demeure, et, pour chacun d'eux, respecté les
délais pour délibérer et faire inventaire.

D'où retards des plus nuisibles, puisqu'avant d'obtenir satisfaction il faudra parcourir toute l'échelle des héritiers présomptifs, ce qui peut être très difficile !

On voit à quelle situation intolérable on arrive, et si la Saisine était réellement telle, devant les complications qu'elle engendre, le législateur aurait eu bien tort de la consacrer.

Il nous restera justement, dans une autre partie, à voir si toutes ces questions, que nous avons passées rapidement en revue, ne peuvent pas être simplifiées, ne gagnent pas en harmonie aussitôt qu'on les dégage de la notion de la Saisine et que, pour les résoudre, on n'a plus recours qu'au droit commun de la transmission de la propriété.

CHAPITRE II

—

Notion de la Saisine dans la jurisprudence

—

La jurisprudence dont le rôle éminemment utilitaire, est d'appliquer aux espèces qui lui sont soumises les théories de la doctrine, et lorsque celles-ci ne lui semblent pas concluantes, d'y suppléer par sa propre manière de voir, n'a pas eu de la saisine un aperçu plus net ni plus sûr que celui que nous avons rencontré; en tous cas, des travaux qu'elle a dû y consacrer, rien ne se dégage qui soit original et ce n'est pas elle qui nous fixera davantage que nous ne le sommes. Encore qu'elle ne craigne pas de se contredire dans la recherche d'une formule définitive, mais le besoin pratique réclamant d'elle une certaine stabilité, la Cour de cassation est bien obligée de prendre un parti et de s'y maintenir, lorsque les questions se représentent à elle souvent, et toujours dans les mêmes circonstances. C'est ainsi que parmi les controverses que nous avons signalées dans la doctrine, elle est venue, pour quelques-unes du moins, donner un avis qui, s'il ne contente pas tout le monde, met en revanche un terme à des discussions aussi longues que nuisibles. Nous ne relèverons pas cependant dans les jugements des tribunaux, dans les arrêts de Cour d'appel ni dans ceux de la Cour suprême, cette uniformité de vues, œuvre d'une théorie ferme et bien assise, qui trahit la connaissance approfondie que l'on a d'un sujet : nous verrons au contraire que leurs motifs manquent d'un guide fidèle, d'une direction unique et nous enregistrerons même en les comparant entre eux, des contradictions flagrantes qui témoigneront de cette incertitude déjà rencontrée, dans une notion aussi vague que celle de la Saisine.

a) Parmi les questions que la jurisprudence a tranchées, dans un sens dont elle ne semble pas devoir se départir, il faut citer en première ligne celle de l'obligation aux dettes. Elle en a dénié l'effet créateur à la saisine : à tort ou à raison elle s'est rangée à ce principe que la vocation à l'universalité en était la seule cause.

Peu importe donc que le successeur soit ou non saisi ; de ce qu'un patrimoine lui échoit ne serait-ce que d'une quote-part, il est tenu *ultra vires*, sauf bénéfice d'inventaire bien entendu.

« *Le droit à une quotité de succession,* dit un de ces
« arrêts (S., 51, 1, 657) *implique l'obligation de sup-*
« *porter une quotité proportionnelle des dettes; ce droit*
« *et cette obligation sont des conséquences de tout titre*
« *successif universel, et l'obligation personnelle dont le*
« *successeur universel est tenu, existe avec toutes ses*

« *conséquences, que la Saisine procède immédiatement*
« *de la loi, ou qu'elle procède de la délivrance.* »

Et pour appuyer cette explication, le même arrêt,
outre des arguments de textes (*personnellement* de
l'article 1009) déclare plus loin que le législateur
« *contrairement aux anciens principes* » n'a plus voulu
aucune différence entre les divers successeurs universels ou à titre universel « *sauf quant à la saisine*; »
ce qui revient à dire que si des différences existent
entre eux, à cause de la saisine, l'obligation « *in infinitum* » n'en découlant pas, une règle uniforme doit
peser sur eux.

Quant au texte de l'article 724, qui semble bien
dans ses termes s'opposer à cette unification, il ne
signifie plus alors autre chose que ceci, à savoir :
Que les héritiers saisis sont tenus « *ultra vires,* » sans
qu'on ait à prouver leur acceptation, tandis que les
successeurs irréguliers ne peuvent être obligés au
paiement que si l'on établit leur envoi en possession.
La saisine apparaîtrait ici sous un jour nouveau que
nous retrouverons ; on ne verrait plus en elle qu'une
présomption d'état, de preuve, une garantie tant pour
ceux qui l'ont que pour ceux qui agissent contre des
héritiers saisis. C'est là, je crois, soit dit en passant,
l'idée vraiment neuve et l'explication utile que l'on
puisse donner de la saisine. Peut-être est-ce pourquoi
la jurisprudence est si constante à décider que la
saisine entraîne immédiatement pour le successible
obligation aux droits de mutation, sauf à lui à
prouver qu'il a renoncé ? (D. *Successions,* n°ˢ 71 et 416;
Pal. 1852, 1. 492). — Une objection que la Cour de

cassation n'a pas encore eu à rétorquer, peut être faite de ce que l'État étant successeur irrégulier il le faudrait dire comme les autres tenu « *ultra vires* » ; or personne n'irait jusque là. Demolombe avait prévu la chose et peut-être la Cour de cassation le suivrait-elle ici comme ailleurs, si elle avait à le faire : pour lui l'État ne serait pas à vrai dire un successeur; son droit tout spécial, né de sa toute puissance, consisterait seulement dans le fait de recueillir une « *épave* » de la fortune publique !

Mais pour ingénieuse, cette explication peut paraître bien aventureuse à certains, surtout devant les expressions formelles du Code.

Elle n'explique pas en outre comment l'État peut exercer des droits de créances; elle réduit enfin sa vocation aux seuls biens situés en France, car s'il ne recueille une succession vacante qu'en vertu de ce soi-disant droit d'épave, il est certain qu'il ne pourra pas l'étendre au delà de ses frontières !

L'État est donc bien évidemment un successeur!

De même, suivant encore la route tracée par Demolombe, elle semble bien de plus en plus devoir accepter le principe de la rétroactivité de l'envoi en possession, dont le grand avantage nous l'avons dit, est d'éviter mécaniquement toute interruption de possession, partant de prescription. L'envoi en possession est la consécration d'un droit plein et entier, déjà acquis, semblable à l'acceptation de l'héritier légitime, en ce sens que l'un et l'autre remontent, quant à leurs effets au jour de l'ouverture (S. 55, 1, 689; D., 71, 1, 12.)

Mais si nous cherchons pourquoi, théoriquement, il en doit être ainsi, les arguments sont bien pauvres! C'est qu'il ne faut pas, lirons-nous, que la propriété « *reste incertaine* » ou encore « *ne repose sur aucune tête* », comme si le Code ne s'était pas expliqué sur la transmissibilité de la propriété!

Voilà où l'on en arrive : à retomber dans l'erreur des anciens auteurs, qui eux étaient encore excusables, à contredire le législateur pour ne pas dire à l'ignorer, en confondant la transmission de la propriété avec celle, sinon de la possession elle-même, du moins avec les avantages joints à cette dernière. Un jugement du tribunal civil de la Seine (D., *Successions*, n°ˢ 416), ira même jusqu'à dire que la Saisine appartient aussi bien aux « *irréguliers qu'aux héritiers légitimes* » semblant par là, se mettre volontairement en contradiction avec les termes de l'article 724, qui condamnent une telle formule.

La Cour d'appel qui a confirmé ce même jugement insistera de son côté en déclarant que cette Saisine, les successeurs irréguliers l'ont « *à titre de propriétaires et d'héritiers* »..... de propriétaires soit, à la rigueur, mais d'héritiers? Non, car ce serait du coup nier toute différence entre nos deux classes de successibles, héritiers d'une part, continuant la personne du défunt, successeurs aux biens d'autre part! (Voir Lambert : *de l'Exhérédation*, n° 205.)

Il n'apparaît pas que notre législateur ait voulu faire cette réforme et tout porte à croire, devant son silence, qu'il a voulu au contraire suivre encore les errements de l'ancien droit.

En tout cas, si la chose est souhaitable, ce n'est pas à la jurisprudence à marcher à l'encontre des dispositions du Code, elle n'a pas à faire œuvre de législation.

Au surplus le jugement et l'arrêt en question, n'ont-ils pas eu une vue si haute, et ne doit-on relever contre eux qu'une erreur de mots ; l'inexactitude faisant le fond de cette matière, à plus forte raison doit-elle en en atteindre la phraséologie.

b) Comme cela a lieu parmi les auteurs, les arrêts sont aussi d'accord en général pour reconnaître à la Saisine l'effet d'engendrer l'exercice immédiat des actions du défunt.

Un arrêt de Cour d'appel, relativement à un légataire universel non saisi, lui refuse jusqu'à la délivrance, tout droit de former aucune action tant réelle que personnelle et s'exprime ainsi :

« *La disposition de l'article 1004 est fondée sur les* « *effets de la Saisine... jusqu'à la délivrance, le légataire* « *n'a d'autre titre que le testament qui, n'étant translatif* « *d'aucune possession directe et de plein droit, a besoin* « *pour produire effet, de la délivrance comme d'un com-* « *plément nécessaire* » (S., 69, 2, 255).

Cependant un autre arrêt plus récent, émané aussi d'une Cour d'appel, est venu battre en brèche ces principes ; je ne sache pas que la Cour de cassation se soit jamais ralliée à une telle manière de voir, mais il est curieux de mentionner le fait, ne serait-ce que dans l'intérêt du but que nous poursuivons, de montrer combien les effets attachés à la Saisine s'imposent peu et combien par leur obscurité, ils laissent le champ libre aux opinions les plus diverses.

Cet arrêt pose : (S., 89, 2, 165) qu'un débiteur actionné par un successeur irrégulier, ne peut par refuser de payer, sous prétexte que l'envoi en possession n'ayant pas eu lieu, il ferait un payement sans valeur et serait exposé à le faire une seconde fois.

Ce qui équivaut à valider l'administration anticipée d'un successeur non saisi, et à ne pas reconnaître cette administration comme effet exclusif de la Saisine. (Laurent, IX, il est vrai, admet aussi que le paiement sera libératoire). (Voir aussi Fuzier Hermann, art. 722, n. 18).

c) Après de nombreuses hésitations, dominée par l'intérêt social, la Cour de cassation — encore qu'il y ait doute sur le point de savoir si elle a voulu sanctionner la théorie de la Saisine collective — en a du moins accepté les conséquences. L'héritier subséquent, s'il s'est mis en possession des biens héréditaires, fera des actes valables ; les ventes par lui faites par exemple seront maintenues et les jugements rendus pour ou contre lui auront autorité de chose jugée, lorsqu'il sera dépouillé de son titre « *apparent* », par un meilleur ayant droit.

C'est qu'en somme cet héritier du degré inférieur, agissant aux lieu et place de l'appelé inactif, est réputé jouir « *non de la chose d'autrui mais de sa propre chose* » (S., 39, 2, 451 et la note ; 40, 1, 753 ; 48, 1, 97), et d'autre part l'erreur des tiers d'avoir cru traiter avec l'héritier véritable (car il faut que les tiers soient de bonne foi) est invincible et prend sa source dans la négligence de l'intéressé.

Qu'on remarque en tous cas qu'aucune raison, ni historique ni juridique n'est donnée ; on laisse la Saisine de côté, alors que toute la question émane d'elle, de sa nature, et que la réponse varie chez les auteurs suivant l'idée qu'ils s'en sont faite ; le côté pratique a absorbé le côté théorique.

Pour échapper à la controverse si vive née de l'article 789, elle s'est aussi rangée à un avis qui lui semble devoir être le moins préjudiciable aux intérêts généraux ; la prescription édictée en cet article, s'applique non plus à la faculté d'accepter ou de renoncer, mais au droit héréditaire lui-même, à la Saisine si l'on veut. Celle-ci, en effet, qui contient en elle tous les attributs de fait et de droit de la propriété, se trouve éteinte par une inaction de trente ans de l'héritier saisi, et du même coup tous les avantages attachés à elle, tombent devant la possession d'un tiers, quelque court espace de temps qu'elle ait duré. L'héritier est alors « *considéré comme n'ayant été jamais héritier* ». (D., 55, 1, 116 ; 62, 1, 273 ; 81, 1, 195). A dire vrai, cette solution n'est pas sans mériter des critiques, dont l'une et non la moindre consisterait à faire remarquer que la Cour de cassation tient comme non écrit l'article 711 qui a posé que l'héritier est du jour du décès et *ipso jure*, propriétaire de la succession, c'est-à-dire acquiert un droit qu'elle n'a pas craint ailleurs de proclamer avec les auteurs « *absolu* » et imprescriptible par lui même. Pour elle donc, la Saisine ne confère qu'un droit conditionnel, puisque après trente ans, s'il n'y a pas eu d'acceptation il n'opérera plus.

d) Au point de vue du droit aux fruits, la jurisprudence est en pleine confusion et nous allons voir les décisions se succéder variables. Cependant, logique avec son principe plus haut posé que « *tout intermé-* « *diaire entre l'héritier saisi et le successeur irrégulier ou* « *le légataire universel est supprimé* », elle aurait dû décider uniformément que les fruits devaient aller à tous les successeurs quels qu'ils soient par l'effet rétroactif de l'envoi en possession ; les successeurs irréguliers y auraient ainsi droit du jour du décès. Beaucoup d'arrêts, il faut l'avouer, sont dans ce sens et ce sont les plus nombreux (S., 61, 1, 738 ; 66, 1, 73 (Chambres réunies), 92, 1, 516). Ce ne sera donc que par application de la règle générale que le légataire universel non saisi les recueillera dès l'ouverture et si l'article 1005 vient y mettre cette restriction « *s'il a* *fait sa demande dans l'année* », c'est par une raison toute d'équité en faveur de l'héritier qui, après un certain délai, peut croire justement que le légataire abandonne sa libéralité ; en tout cas s'il n'est que négligent ce n'est pas à l'héritier à l'administrer indéfiniment, sous sa responsabilité.

Mais voici un autre arrêt de la Cour de cassation (S., 68, 1, 435), qui, après avoir à nouveau sanctionné le même principe, ajoute :

« *Si l'héritier du sang a connu l'existence du legs, il ne* « *peut plus être considéré comme possesseur de bonne foi et*

« *n'a plus, sur les fruits de l'hérédité, que les droits éven-*
« *tuels pouvant résulter du sort ultérieur du legs.* »

Voici donc une nouvelle idée, difficile en fait à concilier avec la précédente ; les fruits seraient l'apanage
exclusif des possesseurs de bonne foi et il y aurait, en
ce sens une présomption « *en faveur de l'héritier du
sang, en possession de fait* » (*Suc.*, S., 41, 1, 453.

C'était, rappelons-le, ce qu'enseignait Proudhon, et
nous allons voir que son opinion n'est pas restée au
rang de pure théorie : c'est en effet, en l'appliquant
qu'il a été jugé que l'État, obligé de restituer une hérédité dont il s'était emparé, la croyant en déshérence,
peut garder les fruits, même ceux perçus avant les
formalités légales d'envoi en possession vu son titre
« *de possesseur de bonne foi* » (D., *Successions*, n° 416 ;
D., 51, 2, 49), mais cette bonne foi cessant alors du
jour de la demande des héritiers (D., 75, 2, 100 ; 80,
2, 175).

L'article 1005 va en conséquence recevoir une autre
explication : ce n'est plus qu'une « *disposition de faveur* »
faisant exception au principe posé que les fruits vont
aux possesseurs de bonne foi, dans l'espèce aux héritiers réservataires, édictée dans l'intérêt du légataire
non saisi et par interprétation de la volonté du défunt.
Mais la demande n'est-elle pas faite dans l'année, la
règle générale reprend son empire, et les fruits restent aux héritiers saisis.

D'autres arrêts, tout en acceptant ce point de départ
que les fruits vont au possesseur de bonne foi, mais se
refusant à sanctionner la rétroactivité de l'envoi en
possession, portent, en ce qui concerne les succes-

seurs irréguliers et les légataires (sauf pour ces derniers le bénéfice de l'exception de l'art. 1005) que leur bonne foi n'existe qu'au jour de la délivrance ou de l'envoi en possession et qu'ils ne peuvent prétendre aux fruits qu'à dater de ce moment-là (D., *Successions*, n° 79; D., 55, 2. 187).

Enfin, nous trouverons ailleurs des décisions favorables à la théorie classique de la Saisine. La mise en possession étant l'œuvre de la Saisine, ceux à qui elle n'est pas dévolue ne peuvent pas en profiter avant les formalités d'envoi; de ce jour-là seulement ils auront droit aux fruits (D., 52, 1, 151. C'est aussi la théorie de l'Administration). C'est alors la Saisine qui donne droit aux fruits et non plus la possession de fait. même de bonne foi.

En ce sens, il a été jugé qu'un légataire universel. en possession des biens héréditaires lors du décès, en devait compte aux héritiers saisis de ce moment jusqu'à sa demande en délivrance, si celle-ci n'a pas été faite dans l'année (D., 72. 2, 83).

c) De tout ceci résulte qu'on est fort embarrassé de trouver dans la jurisprudence une théorie claire de la Saisine, une construction juridique solide où règne l'harmonie. On y sent l'influence d'un mélange d'idées tel que les solutions à intervenir ne concordent pas toujours ensemble.

Comment, par exemple, concilier avec la rétroactivité de l'envoi en possession. qui réunit le plus de suffrages. cette autre règle, admise pourtant partout, que tant que l'envoi n'a pas eu lieu, on ne peut appréhender les biens héréditaires, ni faire d'actes valables? (V. Laurent, IX, 296).

Car il ne faut pas s'y tromper, la jurisprudence dans sa thèse de l'héritier apparent n'a trouvé là qu'un expédient commode, aux difficultés soulevées, mais n'a jamais eu la prétention d'y voir une application de principes!

La preuve en est que nous trouvons un arrêt (S., 55, 1, 689) qui déclare que l'envoi en possession, étant une formalité indispensable pour conférer aux irréguliers les avantages attachés à leur titre, à laquelle on ne peut suppléer par une possession de fait, on ne peut pas sans elle, par exemple, repousser la pétition d'héritiers renonçants revenant sur leur décision. L'envoi une fois accompli devrait tout valider rétroactivement; or, voilà ce que nous ne trouvons pas établi d'une façon certaine.

Nous avons trouvé aussi des décisions dans les deux sens des définitions qu'on a données de la Saisine, et malgré cela, de tous côtés, nous verrons proclamer que la Saisine donne la « *possession de fait et de droit* » (D., 84, 1, 317; 89, 1, 261) des biens héréditaires, qu'elle en donne l'administration, fut-il établi que l'héritier saisi ne touchera rien en fin de compte, qu'elle donne à chacun jusqu'au partage un droit indivisible qui lui permet d'agir pour le tout et qu'elle dispense de toute caution dans les contestations à intervenir avec les légataires (S., 70, 1, 240; 68, 1, 408; D., 82, 1, 73).

Et cette responsabilité qui incombe à tout héritier saisi, elle a lieu en dehors de tout acte d'acceptation à intervenir; toute action dirigée contre lui durant les délais pour faire inventaire et pour délibérer n'est pas mal engagée et suffit à faire courir des intérêts ou à interrompre des prescriptions ; il ne peut y opposer qu'une exception dilatoire (S., 60, 1, 650).

Or, si ce sont là les effets communs et reconnus de la Saisine, il reste à la Cour de cassation la tâche ingrate de les concilier avec les conséquences qu'elle a par ailleurs admises et qui partent de principes diffé-rents.

Bref, la jurisprudence n'a pas échappé à la confusion générale ; comme elle n'a pas à faire de toutes pièces la théorie d'une institution quelconque, elle s'est con-tentée de glaner de ci de là parmi les auteurs, les solu-tions qui lui semblaient le plus propres à consacrer, sans fort se soucier de les coordonner ensemble.

Nous n'avons rien appris d'elle, dans cette courte incursion que nous avons faite parmi ses monuments, sinon qu'elle est peu familière avec cette notion de Sai-sine qu'elle connaît mal, qui la gêne, qu'elle veut pour-tant respecter, mais dont elle s'éloigne sitôt que le résultat pratique ne répond plus à ses vues.

4

CHAPITRE III

Critiques des conséquences de la Saisine
et difficultés qu'elle soulève

Jusqu'ici nous n'avons pu trouver de la Saisine une idée précise; à son endroit, la jurisprudence est flottante et la doctrine est divisée. Des deux explications qui en ont été proposées, ne ressort pas l'utilité véritable de l'institution; elles méritent autant de critiques l'une que l'autre et elles ne peuvent nous satisfaire.

A. — En exposant le système de la Saisine, exercice du droit de possession, nous avons du même coup, signalé les objections que l'on pouvait faire à l'idée classique de la Saisine créatrice de la possession elle-même.

Qu'est-ce, en effet, que la possession? Un fait et pas autre chose! Un fait opposé à un droit, celui de propriété.

Or, comment une fiction va-t-elle suppléer un état de fait?

On va supposer accompli par la pensée ce qui ne peut l'être que par une appréhension physique, ce qui,

par nature, est et ne peut l'être que matériellement.
Il ne faut pas oublier que, quelle que soit l'obscurité
de la Saisine, à quelque époque qu'on la fasse remonter, on est d'accord pour voir en elle une transition
dans le mode de transfert des propriétés, en rempla-
çant par une fiction ce qui, à tort ou à raison, avait
été une formalité apparente, crue jusque là indispensable. Mais, de ce que la propriété, pour être parfaite,
réclame la jonction de la possession, il ne s'ensuit pas
que le transfert de l'une puisse suivre les mêmes
règles que l'autre; dès qu'il s'agit de la possession
seule, on ne peut plus parler de fiction.

La propriété est une entité juridique intellectuelle,
la possession, au contraire, un élément matériel un et
irréductible et, à ce titre, est en contradiction avec
l'idée que l'on se fait de la Saisine, comme acte également juridique; l'esprit se refuse à concevoir un
rapport quelconque entre deux notions également
inconciliables.

Passant aux conséquences, nous ne reviendrons
pas sur ce que nous avons dit de l'interruption de la
possession de ceux qui ne sont pas « saisis »; ce n'est
que logique et ne pas l'accepter, c'est nier tout le
principe car, puisque l'on a posé que la possession et
par suite ses avantages n'appartenaient aux successeurs non saisis qu'à dater de leur envoi, il va de soi
que la prescription ne peut commencer qu'à cette
date. Toute autre solution n'est qu'un faux-fuyant
pour éviter un résultat très regrettable en soi bien
entendu, mais qui s'impose cependant. Pour nous, qui
ne professons d'opinion arrêtée sur aucun des deux

systèmes, nous pouvons ici prendre ce regret pour une objection et rejeter une théorie qui conduit à des résultats si contraires à la pratique et au bien des affaires.

D'ailleurs, poursuivant le procès de la Saisine possession, nous allons relever contre elle d'autres conséquences dont la singularité peut suffire à la condamner. Par exemple, il arrivera que des successeurs « *saisis* » posséderont des biens dont ils ne sont pas propriétaires ; et justement ces biens appartiendront à des successeurs non saisis qui seront propriétaires sans être possesseurs. Cela arrivera quand des légataires seront en concours avec des héritiers « *saisis* ».

Pourquoi cette interversion, elle semble au moins bizarre?

Et puis pour exister, c'est-à-dire pour produire un effet juridique, la possession a besoin d'un autre élément, l' « *animus l'intention de soumettre la chose que l'on a en sa puissance à l'exercice d'un droit réel (animo sibi habendi)* » (Aubry et Rau, II, § 179). Sans lui la possession prend le nom de « *détention* » et devient alors négative ; elle n'est plus la cause d'aucun droit! Or, quand un héritier est « *saisi* » de biens auxquels il sait ne pas devoir succéder, sa possession ne réunit pas, en définitive, les éléments nécessaires pour être productive d'effets juridiques. Il sait qu'il ne possède pas pour lui-même, il n'est donc que détenteur et ne peut pas être mieux traité que celui-ci. C'est précisément ce que l'on méconnaît ici!

D'autre part, la Saisine n'ayant trait qu'à la possession, entraînera pour l'héritier « *saisi* », l'obligation d'administrer, mais cette administration sera forcément limitée aux actes relatifs à la possession, c'est-à-dire aux actions possessoires. Ce qui fait que ces actions, en dehors de toute appréhension de fait, vont compéter à un héritier qui n'en a pas besoin, qui ne peut en tirer aucun profit et qui, en fin de compte, ne devrait pas y avoir droit ; nous supposons en effet toujours, que le défunt l'a exclu en totalité ou en partie.

Bien mieux, ce même héritier peut avoir ces mêmes actions, alors que le défunt, lui, ne les avait pas !

Il se peut qu'il manquât à ce dernier le laps de temps suffisant pour les exercer et qu'il se soit justement accompli au lendemain de son décès !

Voilà qui est bien contraire aux idées généralement reçues sur la possession, à l'ordre naturel des choses et, devant de tels résultats, on peut se demander si l'article 724, l'unique siège de la matière, a bien voulu, à lui seul, accomplir un semblable ouvrage ?

B. — Nous reportant alors à l'autre théorie de la Saisine, nous allons la trouver au premier abord plus séduisante, parce que le mobile de ceux qui l'ont créée, a principalement été d'éviter des effets choquants ou nuisibles aux intérêts généraux. Mais, sitôt qu'on la pénètre un peu, on s'aperçoit qu'elle n'est nullement juridique, qu'elle n'a aucun appui historique, et qu'elle contredit d'une façon flagrante les termes de l'article 724. Car, il n'y a pas à le nier, celui-ci a dit que des successeurs seraient « *saisis* », que d'autres ne le seraient pas et que les premiers seuls, seraient mis

« *dans les droits et actions* » du défunt ; et voilà qu'on arrive à dire, avec cette prétendue Saisine judiciaire, opérant rétroactivement, que tous les successeurs ont les droits égaux, que tous ont la Saisine et, qu'entre eux, toute différence n'est qu'apparente !

De plus, la rétroactivité de l'envoi en possession n'est rien moins que douteuse ; de quelle autorité se sert-on pour en décider ainsi ? De quel texte ?

L'envoi ou la délivrance créent un fait nouveau : le successeur irrégulier, le légataire, en tenant pour vrai qu'il aient un droit égal à celui des héritiers « *saisis* », ne l'avaient qu'à l'état latent ; maintenant ils vont pouvoir en jouir pleinement, « *l'exercer* » suivant la distinction faite à ce propos.

Et l'on vient dire : La formalité nécessaire à l'investiture des successeurs non saisis, est déclarative ; une fois accomplie elle mettra ceux qui en avaient besoin dans une situation toute semblable à celle des héritiers saisis, et par l'effet de la rétroactivité ils seront censés s'y trouver depuis le jour de l'ouverture.

On oublie seulement de faire la preuve de cette assertion, on ajoute à la loi et l'on oublie surtout que le caractère du transfert des biens et des droits, est d'être attributif.

Le partage qui lui est déclaratif en témoigne ; il fait exception au droit commun, aussi est-il l'objet d'un article spécial (Art. 883) qui sanctionne cette règle particulière.

Pour l'envoi en possession nous ne trouvons nulle part trace d'une dérogation quelconque aux principes généraux !

Si nous poussons un peu la critique, elle va devenir incisive parce qu'elle touchera la base même de l'édifice !

Que veut-on dire en effet en parlant de « *l'exercice du droit de possession* » ?

Nous disions à l'instant ne pas comprendre qu'on remplace par une fiction ce qui n'est qu'un état de fait; nous ne comprenons pas plus ici le dédoublement de ce même fait, en droit d'une part et exercice de ce droit d'autre part. C'est chose impossible, on ne peut pas dire que la possession est un droit; on possède ou on ne possède pas, il n'y a pas à sortir de là; le droit de possession c'est la possession, qui, elle, est indivisible.

Écoutons Aubry et Rau :

« *On appelle possession, dans le sens le plus large de* « *cette expression, l'état ou la relation de fait qui donne* « *à une personne la possibilité physique actuelle et* « *exclusive, d'exercer sur une chose des actes matériels* « *d'usage, de jouissance ou de transformation* » (II, § 177).

Sans doute la possession ainsi comprise et opposée à la détention produit des effets juridiques, mais on ne peut pas de là induire qu'elle est en soi un droit « *sui generis* ».

En effet, si la loi protège la possession, ce n'est pas pour elle-même, c'est dans un but d'utilité pratique, pour garantir le droit de propriété dont la possession est presque toujours le signe extérieur. Comment expliquerait-on, sans cela, qu'un usurpateur puisse non seulement rester impuni, après trente ans, mais encore devenir propriétaire définitif?

La loi eût été immorale en poursuivant un tel but!
Ses visées étaient plus hautes. Si elle a quelquefois
sacrifié le vrai propriétaire, c'est pour le protéger plus
énergiquement et plus souvent ailleurs. Car ainsi que
nous le disions, il est de l'ordre naturel des choses
que le propriétaire possède, le contraire n'est qu'une
exception ; or, le droit de propriété est assez difficile à
prouver, il faut remonter en arrière, jusqu'à ce qu'on
puisse invoquer une prescription, et établir que tous
ceux qui se sont succédé dans les trente dernières
années avaient acquis valablement leur droit du vrai
propriétaire.

Bref, nulle part plus qu'ici il importe d'avoir le rôle
de défendeur, il est donc juste de le donner à celui
qui, la plupart du temps, le méritera le mieux et qui
aura les meilleures apparences du bon droit!

Le législateur a donc sagement agi en donnant à
l'intérêt général le pas sur l'intérêt privé ; il faut que
la propriété ait le plus de stabilité possible afin de
garantir les transactions, et dut-on en passant favoriser
un homme de mauvaise foi, la sécurité des acquéreurs
et l'activité des affaires en est le prix. (Voir Troplong :
Prescription, I, 237).

Nous le répétons donc, la possession n'a pas le
caractère « *d'un droit subsistant par lui-même* » comme
la propriété ; c'est si l'on veut une notion qui produit
les effets d'un droit, artificiellement pour répondre à
des besoins sociaux, mais nullement naturellement,
c'est tout au plus « *un droit dérivé* » et on ne peut pas
autrement expliquer, ainsi que le remarquent Aubry

et Rau, la condition d'annalité à laquelle est soumise l'admission des actions qu'elle fait naître.

A supposer même que ce fut un droit, pourquoi le concevoir improductif de naissance?

Tout droit nait plein et entier, il ne peut être atténué que par convention ou par testament; c'est ainsi que la propriété peut exister dépouillée de l'usufruit, mais encore faut-il pour cela qu'il y ait eu une manifestation de volonté en ce sens. Or, en ce qui concerne la transmission des droits du défunt, devant le silence de ce dernier, ceux-ci doivent advenir au successeur avec tous ses attributs !

C'est donc le fruit d'une fausse analyse de la possession qui a donné lieu à la confusion que nous signalons et qui du même coup fait tomber la théorie qui l'avait fait sienne !

Terminons enfin par une judicieuse critique empruntée à Laurent (IX, 230) : s'attaquant en particulier à Demolombe qui, gêné par les termes de l'article 724, a cherché à prouver qu'il était relatif à la propriété et à la possession, pour en induire après que les successeurs irréguliers avaient l'une et l'autre sous la condition suspensive de l'envoi, — le savant professeur belge s'écrie :

« *S'il en était ainsi, il en faudrait déduire une consé-*
« *quence toute contraire. La loi refuse bien positivement*
« *la Saisine aux successeurs irréguliers ; si donc la Saisine*
« *est la transmission de la propriété et de la possession, il*
« *en résulte que les successeurs irréguliers ne sont ni pro-*
« *priétaires ni possesseurs. Et ce singulier raisonnement*

« *doit prouver qu'ils ont la possession en vertu de la loi,*
« *dès l'ouverture de la succession.* »

C'est là ce me semble une réponse aussi péremptoire
que logique, à la doctrine de la Saisine judiciaire, de
l'envoi rétroactif et qui tue dans l'œuf des principes
puisés dans le domaine de l'arbitraire !

Maintenant, laissant de côté les effets que l'on a plus
ou moins légèrement attribués à la Saisine, et que
nous avons déjà pu expliquer sans elle, mais nous en
tenant à ceux peu nombreux, il est vrai, que les deux
théories que nous connaissons ont acceptés, que la
jurisprudence elle-même a consacrés, pesons-en la
valeur et voyons s'ils ne sont pas susceptibles de
critiques à leur tour ?

La principale prérogative de l'héritier saisi, outre
qu'il peut appréhender les biens héréditaires, de sa
propre autorité, est de pouvoir aussitôt exercer toutes
les actions du défunt ?

Or en fait il arrivera souvent, nous l'avons déjà
noté, que les legs absorberont l'actif et que l'héritier
n'aura rien ou peu : et voilà néanmoins que seul, jusqu'à la délivrance des légataires, cet héritier, de ce
qu'il est « *saisi* », va recouvrer des créances qui ne
sont pas sa propriété, toucher des dommages-intérêts
auxquels il n'a personnellement pas droit.

Par une fiction, on étouffe la réalité ; un simple possesseur qui sait même posséder pour autrui, donc
pour mieux dire un détenteur, aura des droits refusés
au vrai propriétaire, puisque dans l'espèce la transmission de la propriété au légataire a eu lieu « *ipso
jure* » dès le décès.

Est-ce que ce légataire devra respecter l'autorité de la chose jugée? Respecter les contrats passés par celui qui, somme toute, n'est pas son mandataire?

Quant au défendeur, n'a-t-il pas, de son côté, et suivant les principes, une exception à faire valoir de ce fait que celui qui l'actionne n'est ni son créancier, ni le propriétaire du bien qu'il revendique?

Au point de vue passif, l'article 1220 ordonne au créancier de diviser son action entre les divers successeurs, sans faire de distinctions entre les héritiers légitimes, les irréguliers ou les légataires; grâce à la Saisine il agira pour le tout, malgré notre article! L'héritier « saisi » est poursuivi, alors qu'il ne recueillera rien de l'actif, s'il en est exclu comme tout à l'heure; c'est une injustice criarde! Enfin, jusqu'à la délivrance, les légataires ne pourront opposer aucune exception, aucun moyen de défense aux attaques des créanciers, et si l'héritier actionné à leur place ne peut (exceptions personnelles) les invoquer, ne s'en sert pas ou les laisse périmer, ils en éprouveront le préjudice à cause de la Saisine qui leur aura lié les mains.

Ils auront un recours, soit; mais ce recours ne peut-il pas devenir illusoire par la suite?

Autant de questions que la Saisine laisse douteuses!

La présence d'un légataire n'est pas pour simplifier les choses; comme les héritiers du sang sont dans toute l'étendue du mot les continuateurs de la personne du défunt, idée commode qui rend compte des effets de la Saisine, il semble bien que le légataire universel, quand il sera dans les termes prévus à l'article 1006, doive être traité comme l'héritier du sang, soit mis sur la même ligne et comme lui devienne le représentant du défunt.

On l'a dit, et nous avons vu que c'était le point de départ de ceux qui, voyant dans la Saisine la source de l'obligation aux dettes « *ultra vires* », enseignent que le légataire universel en concours avec des non-réservataires doit être tenu sur ses biens personnels ; on a même ajouté dans ce sens que notre code avait ainsi fait une transaction entre les principes romains, où le testateur choisissait à son gré son représentant posthume, et ceux des pays de coutume où il devait respecter les droits de la consanguinité, — cela pour sauvegarder en toutes circonstances le droit de réserve.

C'est ainsi que la présence d'un seul réservataire suffit à diminuer les droits d'un légataire universel, c'est-à-dire de celui que le défunt a préféré à ses proches parents ! Mais on a répondu que rien ne prouvait que le législateur ait ici voulu abandonner son guide habituel, le droit coutumier : comme lui, il a toujours tenu à maintenir une différence de titre, entre héritiers et légataires, en consacrant la doctrine que Pothier résumait en ces mots :

« *Si le testateur institue un héritier, cette institution* « *n'est pas nulle, on la maintient, mais à titre de legs uni-* « *versel* » (Des Successions).

L'article 1002 le prouve, puisqu'il pose que toute disposition testamentaire, à quelque titre et sous quelque dénomination qu'elle soit faite, « *produira son effet* « *suivant les règles ci-après établies pour les legs* ».

Ne déclarait-on pas au surplus, au Tribunat, que

« tous les effets attachés par la loi romaine au titre d'hé-
« ritier sont entièrement effacés », confirmant ainsi les
usages coutumiers?

D'où il suit alors que bien que « saisi », le légataire
universel reste ce qu'il est vis-à-vis de la famille, un
étranger, un successeur aux biens!

Mais, dira-t-on, que devient alors l'article 1006, quel
avantage aura le légataire à être saisi?

Il faut avouer que ceux qui veulent concilier la thèse
de la non-assimilation avec ce qu'ils ont dit ailleurs de
la Saisine, doivent être fort embarrassés! Car ils sont
obligés de ne plus reconnaître entre le bénéfice de la
Saisine et la continuation de la personne du défunt, la
corrélation qui s'impose cependant d'après les précédents historiques et les principes qui ont été posés!

Puisque la Saisine existe dans notre droit, que sur
certains points l'accord s'est fait quant à sa nature fictive, on ne peut plus au premier obstacle abandonner
des conséquences qui découlent de la logique, sous
peine de tomber dans la contradiction; et je ne sache
pas que ces auteurs fassent ici autre chose (Bugnet,
Valette, Marcadé). Pour nous, qui, sur le terrain de
la législation, avons un champ plus vaste, nous pouvons dès à présent faire notre profit de ces hésitations,
qui viennent appuyer les doutes que nous avons émis
sur l'utilité de la Saisine! Toutes les diversions qui se
produisent à son sujet, en doctrine comme en jurisprudence, ne montrent-elles pas surabondamment
combien fragile est cette base qui chancelle aussitôt
que l'on veut asseoir sur elle des résultats pratiques?

Parmi ceux mêmes qui admettent que la Saisine est

le signe extérieur de la continuation de la personne du défunt, et que tout héritier saisi doit être tenu des « *dettes et charges* » de la succession, comme le défunt en était tenu lui-même, il en est qui, parmi ces « *charges* », se refusent à comprendre les legs; or voici à quel résultat bizarre ils arrivent s'ils veulent rester logiques avec eux-mêmes : c'est que la même personne sera tenue « *ultra vires* » quant aux dettes, et « *intra vires* » quant aux legs, c'est-à-dire qu'elle sera considérée dans le premier cas comme héritier continuateur de la personne du défunt, et dans le second cas comme simple successeur aux biens! (Voir Huc, V, p. 52.)

A son tour, voici l'article 1008 qui vient ébranler l'édifice!

Comment expliquer qu'un légataire universel, lorsqu'il sera saisi, soit obligé, si le testament qui l'institue n'est pas authentique, pour être mis en possession de recourir à la formalité de l'ordonnance du Président du Tribunal.

Puisqu'il a la Saisine, que celle-ci lui donne l'exercice d'un prétendu droit de possession, ou la possession elle-même, il ne doit plus être soumis à aucune condition pour jouir de son titre.

Que vient faire l'ordonnance en délivrance ? On ne la comprend pas!

Jusqu'à ce qu'elle soit signée, les effets généralement reconnus à la Saisine seront suspendus?

On ne pourra pas administrer, ni agir contre les débiteurs de la succession?

Autre difficulté, si les parents que rencontre le légataire universel sont, les uns réservataires, les autres simples collatéraux ? A qui sera donnée la Saisine ?

Aux seuls réservataires, semble-t-il, si l'on s'en tient à l'article 1004 :

« *Lorsqu'au décès du testateur, il y a des héritiers aux-*
« *quels une quotité de ses biens est réservée, ces héritiers*
« *sont saisis... et le légataire universel est tenu de leur*
« *demander délivrance* ».

Seulement, notre article ne vise que le concours d'un légataire avec des réservataires seuls, et ne répond pas directement à notre question !

Étant donné, d'autre part, l'article 1006, ne serait-il pas plus régulier d'appliquer nos deux règles distributivement ?

Saisir les réservataires de leur part et le légataire du surplus, puisque pour ce surplus, c'est-à-dire la quotité disponible, il est en concours avec des non-réservataires.

Pour le moins, la réponse reste encore douteuse !

D. — Quant il s'est agi de donner la raison d'être de la Saisine, de dire pourquoi un héritier serait mieux traité que les successeurs, et pourquoi le légataire universel aurait quelquefois les mêmes avantages, on a répondu que c'était par la nécessité qu'il y a que des biens soient toujours administrés : or, cette administration provisoire, on va la donner à ceux qui, dans l'esprit de la loi, devraient être les premiers à venir, aux héritiers du sang ; leur exclusion, en particulier pour les réservataires, n'est pas naturelle : un père, par exemple, doit laisser sa fortune à ses enfants ; s'il ne le fait pas, on peut avoir des doutes sur le mobile qui l'a fait agir, sur la moralité des étrangers à qui, soi-disant, il a donné son affection. N'est-il pas juste que jusqu'à ce que le droit de ces derniers soit officiellement reconnu, on en laisse l'exercice à ceux que l'ordre naturel aurait préférés ? à ceux dont ils anéantissent les droits ?

S'il en est ainsi, si l'administration de la succession et la vérification des titres de successeurs étrangers, doit être l'apanage de l'héritier saisi, de celui dont le titre est le plus certain, pourquoi saisir quelquefois le légataire universel ?

C'est une inconséquence. La précaution prise par la loi, au moyen de l'ordonnance du Président du Tribunal, montre bien qu'elle ne le voit pas d'un œil aussi favorable que les héritiers du sang, qu'elle n'a pas une égale confiance en lui, que les liens du sang ne rattachent pas à l'affection du défunt ?

Et puis pourquoi, par réciprocité, refuser aux héritiers non-réservataires ce droit de contrôle que l'on donnerait au légataire saisi ?

Il paraît que la raison que la Saisine n'est qu'un moyen de vérification de titres, accordée à l'héritier légitime avait été donnée au Conseil d'État par Tronchet qui, lui, voulait donner la Saisine exclusivement à l'héritier légitime ; le système n'ayant pas été admis, ce ne serait donc pas une justification bien solide ! (Laurent, IX. 280).

Il faudra, s'il y a des successeurs irréguliers, s'adresser à eux pour obtenir l'envoi en possession, en leur absence faire nommer un curateur « *ad hoc* ».

Le successeur irrégulier ou le curateur vont avoir pendant un instant, si court soit-il, la Saisine, puisque c'est de leurs mains qu'elle passera aux légataires ; pourtant l'un et l'autre sont exclus de la liste de ceux qui, le cas échéant, « *continuent la personne du défunt* ». N'y a-t-il pas là une réelle anomalie ?

En outre, il faut avouer qu'il y aura eu un moment où les biens auront été sans possesseurs, interrompant toute prescription commencée : car l'héritier irrégulier s'il est est saisi, contrairement à toute logique, l'est-il « *ipso facto* » ?

Nous n'en savons rien. Pour le curateur, il est bien certain que lui ne le sera que du jour où la requête, en vue de sa nomination, sera formée ; mais *quid* jusque-là ?

De même, si le seul héritier qui soit, renonce, il est désaisi par sa renonciation et si le légataire n'a pas encore obtenu son envoi en possession, nous retombons dans la même situation. A supposer même que cet héritier ait été réservataire et que le légataire soit universel, on peut encore se demander si, dans l'espèce, l'article 1006 y trouvera son application (Laurent, IX, 266).

Enfin, si la Saisine est une qualité juridique inhérente à l'héritier du sang, établissant entre lui et le défunt une sorte d'affinité posthume et si, par exception, le légataire universel lui est quelquefois assimilé, on est bien embarrassé pour expliquer celle accordée à l'exécuteur testamentaire ?

Encore que celle-ci soit partielle, il semble bien qu'elle doive faire obstacle à celle des héritiers pour la part dont ils en sont privés ; la détention est ou n'est pas, qu'elle existe réellement ou en vertu d'une fiction supposée admissible pour le moment ; on ne conçoit pas de copossession à des titres différents. Or, si l'exécuteur testamentaire est « *saisi* » du mobilier, par exemple, en totalité, l'héritier perd du coup le droit de l'appréhender et d'en jouir.

Cependant, la Saisine de l'héritier est œuvre de la loi ; on dit couramment qu'elle est d'ordre public et qu'il n'appartient pas au défunt de la supprimer ou de l'amoindrir ; comment comprendre que dans ce cas spécial la volonté de l'homme y puisse contrevenir?

Il faut donc avouer que si nos deux Saisines ne peuvent pas coexister, si l'une ne fait pas brèche à l'autre, c'est que leur nature est dissemblable?

C'est aussi ce que l'on décide : La Saisine de l'exécuteur testamentaire n'aurait qu'un caractère de fait, purement provisoire, opposé à celui de la Saisine héréditaire, qui serait Saisine de droit! Fort bien, mais n'est-ce pas là détruire l'idée même de Saisine que de la dire susceptible de se décomposer?

Ce n'est donc plus une entité juridique une et invariable, et n'a-t-on pas, dès lors, le droit de porter sur elle un doute tel qu'il serait préférable et plus simple d'expliquer autrement les effets dont on la prétend créatrice ?

Il est en dernier lieu une question de droit international soulevée par la Saisine; nous ne ferons que la poser.

Doit-on aux héritiers légitimes étrangers, à ceux à qui, en France, appartiendrait la Saisine, appliquer les effets plus ou moins reconnus à cette dernière ?

Doit-on suivre la règle de la situation des biens, et pour ceux situés en France, traiter l'étranger comme un des nôtres.

Si la Saisine se rattachait sûrement à une question de possession, l'affirmative s'imposerait, parce qu'il s'agirait alors de l'organisation de la propriété. Mais devant les incertitudes que nous avons relevées, cette solution ne manque pas d'être discutée.

CHAPITRE IV

Ne peut-on pas se passer d'elle ?

Si la Saisine n'existait pas, et qu'il nous fallut régler
l'acquisition de la possession sans elle, c'est au droit
commun, c'est aux principes naturels que nous aurions
recours, la possession des biens héréditaires ne saurait être autrement obtenue que celle des biens ordinaires, c'est-à-dire que par une appréhension matérielle de la part de celui qui la recherche, et qui
n'ayant pas les actions possessoires serait obligé d'apporter la preuve de son titre, s'il avait devant lui un
autre possesseur. Cette preuve ce serait celle de sa
qualité de successeur qu'il ferait soit à l'aide d'un
testament soit d'un acte établissant sa consanguinité
avec le défunt.

Et si le possesseur actuel, au jour où il serait
attaqué, invoquait à raison, juste titre et bonne foi, on
ne pourrait pas l'inquiéter, pas plus qu'on ne pourrait prétendre aux fruits par lui perçus, s'il avait été
seulement de bonne foi.

A l'inverse, dès que le successeur universel ou particulier, devenu propriétaire en vertu de notre article 711, ne se heurterait plus à la possession d'un tiers, celle-ci lui serait acquise sans qu'il eut aucune preuve à faire, par la simple main mise qu'il opérerait sur les objets héréditaires !

Mais nous avons vu que grâce à la Saisine celui qui en est investi, va au contraire devenir possesseur immédiat dès le décès à son insu sans exercice matériel, cela de l'avis de tous, tandis que sauf controverses, le successeur non saisi selon la majorité des auteurs, devra pour profiter des avantages attachés à la possession, obtenir de l'héritier du sang ou de la justice, la délivrance des biens qui lui sont attribués.

Elle contredit donc les connaissances que nous avons de la possession, cet état de fait qu'un acte matériel et personnel peut seul produire.

Et c'est pourquoi M. de Savigny, dans son traité célèbre « *De la Possession* » (page 21), disait que les nations modernes qui ont consacré la Saisine, avaient commis une grave inconséquence ! L'héritier devenant immédiatement possesseur, pour qui veut être respectueux des principes c'est chose inadmissible. La logique réclame que la possession des biens héréditaires, de même que celle d'autres biens, cesse avec les éléments qui la composent, ici avec la mort du *de Cujus* ! La possession ajoute le savant professeur, lorsqu'on ne considère que ses conséquences, peut « *ressembler* » à un droit et c'est ce qui a été la cause d'une déplorable confusion, mais « *elle n'en est jamais un* ».

On ne peut pas en effet, dissocier les avantages issus de la possession, de la possession elle-même ; ils doivent forcément faire corps avec l'entité qui les produit, comme tout accessoire doit suivre le principal. C'est ce qu'en termes excellents un auteur belge M. Van Wetter (*De la Possession* en droit romain, p. 58), tout en semblant faire sur ce sujet concession à toutes les opinions, exprime ainsi : « *Que l'on considère la possession comme un fait, comme un droit ou comme un fait et un droit, un point demeure incontestable, à savoir que les éléments substantiels de la possession, le* corpus *et l'*animus, *sont d'une nature essentiellement matérielle. Or comme la possession est inséparablement liée à ces éléments, elle ne peut pas plus admettre de transmission que les éléments qui la composent ; elle .est subjective comme eux, or ce qui est subjectif est attaché au sujet, subsiste et tombe avec lui, partant exclut toute succession.* »

C'est là le résumé du caractère exclusif de la possession, qui, notion essentiellement matérielle, n'est pas susceptible d'être acquise autrement qu'en produisant soi-même le fait nouveau qui la constitue.

Je ne crois pas en effet, pour ma part, qu'il soit possible de dire que la possession ait changé de nature, que de matérielle à son origine elle soit devenue par la suite seulement intellectuelle ! Nulle part nous n'avons trace de la chose et il est bien peu facile à ceux qui croient à cette évolution, de nous dire quand et comment elle s'est produite. Sans doute, la multiplicité autant que l'éloignement des transactions a dû rendre de bonne heure la matérialité même de la possession au moins gênante — mais ce fut à la loi de

répondre justement aux besoins nouveaux de la
pratique, ce qu'elle fit en créant comme en droit
romain des interdits spéciaux, en admettant aussi
comme chez nous quelquefois la jonction des possessions ! Que l'on n'oublie pas non plus qu'à mesure
que le mouvement des affaires s'est accru, le transfert
des propriétés lui, a varié, pour devenir ce qu'il est
aujourd'hui translatif « *solo consensu* » aidant ainsi
puissamment à la facilité et à la rapidité des relations
économiques. Quant à la possession, elle ne pouvait
pas varier, parce qu'elle était ce qu'elle est toujours,
le complément effectif de la propriété, c'est-à-dire
l'exercice des prérogatives attachés à ce droit absolu !
Un propriétaire n'est donc pas possesseur s'il ne fait
pas acte de possession, sauf, suivant les cas, à stipuler
quels sont ces actes, ou à en laisser l'appréciation aux
tribunaux, ne dut-on en faire qu'à l'occasion de l'im-
mixtion intéressée d'un tiers ! En dehors des exceptions qui sont venues atténuer les conséquences de
cette règle, celle-ci demeure inébranlable et nul ne
peut s'en départir !

Dans la pureté des principes, la Saisine ne peut donc
être considérée, à son tour, que comme une dérogation,
comme une fiction légale suivant l'expression consacrée, applicable seulement aux cas spéciaux pour
lesquels il est écrit qu'elle fonctionne, donc arbitraire-
ment créée.

b) Le droit romain ne la connaissait pas ; cependant,
la théorie de la possession du droit français lui a été
servilement empruntée ! Par conséquent, la transmis-

sion héréditaire peut s'opérer en dehors de toute idée
de Saisine, par le jeu naturel des principes ; on y
gagne en simplicité et l'on évite toutes ces controverses
qui nous séparent et dont nulle trace n'apparaît au
Digeste.

Les héritiers externes ne pouvaient acquérir l'hérédité, en devenir propriétaires, qu'au moyen et qu'à
dater du jour de leur acceptation solennelle. Jusque-là
l'hérédité était sans maître, *Res Nullius*, dont chacun
pouvait s'emparer ; mais, à l'époque classique, la fiction de « l'*Hereditas jacens sustinet personam defuncti* »
vint contredire ce résultat si dangereux, en donnant
la personnalité morale à l'hérédité. Les héritiers siens
et les héritiers nécessaires devenaient propriétaires
immédiats, comme tous nos successeurs actuels, mais,
en quelque sorte, malgré eux, ils ne pouvaient pas
éviter les conséquences de leur titre, en un mot, refuser la succession : l'esclave, parce qu'il était esclave,
chose du maître, et assez dédommagé par la conquête
de la liberté ; — le fils, parce qu'il était soumis à la
Patria potestas, au pouvoir le plus absolu qu'un homme
libre ait sur un autre homme libre.

La possession sur laquelle aucune hésitation n'existait, relativement à sa nature d'état de fait, ne pouvait
pas se transmettre directement du défunt à son héritier ; ce dernier devait s'en emparer physiquement :
« *Quum Heredes instituti sumus adita hereditate, omnia*
« *quidem jura ad nos transeunt : possessio tamen nisi natu-*
« *raliter comprehensa, ad nos non pertinet* ». (L., 23,
D. L., 41, t. 2).

Le principe subsistait toujours sous Justinien,

tamisé cependant par une formalité administrative et de police, qui obligeait, en cas de contestation, les parties à se présenter devant le préteur, lequel, sans toucher au fond de l'affaire, autorisait celui qui lui semblait, à première vue, avoir le bon droit pour lui, à se mettre en possession des biens héréditaires.

Pour l'héritier sien et pour l'héritier nécessaire, la chose fût discutée : les glossateurs se divisaient, mais l'opinion triomphante fût bientôt celle de l'assimilation aux héritiers externes, quant à l'acquisition de la possession. Cujas déclare qu'à son époque la question ne faisait plus de doute. Cependant, elle fut reprise récemment par un professeur de l'École de droit de Nancy, aujourd'hui décédé, M. Dubois : Cet auteur avait cru trouver dans certains textes (principalement un de Gaius, § 58 du Commentaire II), et dans une analyse historique de l'*Usucapio pro Herede*, la preuve de cette théorie qu'il réveillait après un long sommeil, à savoir : que la possession héréditaire était dévolue aux héritiers siens et aux héritiers nécessaires, immédiatement comme la propriété, par suite de l'existence d'une Saisine légale semblable à la nôtre, bien que le nom ne s'y trouvât pas! (*La Saisine héréditaire* en D. Romain. — *Nouvelle Revue historique*, 1880). Mais cet avis isolé n'a pas eu de partisans; tous les romanistes sont d'accord pour proclamer que la possession héréditaire ne s'acquérait jamais *ipso jure*, pour quelqu'héritier que ce soit ! Ce que les héritiers siens et les héritiers nécessaires obtiennent aussitôt le décès, ce n'est que la propriété, ce que les héritiers externes obtiennent, eux, par l'adition ! La possession ne pou-

vait être acquise que « *Corpore* ». « *L'adition de l'héré-*
« *dité* » — ainsi que le fait remarquer de Savigny (op.
cit., n° 308) « *fait acquérir à l'héritier tous les droits du*
« *défunt en général pourvu qu'ils fassent partie du patri-*
« *moine et ne soient pas purement personnels ! mais elle ne*
« *lui donne pas la possession des divers objets compris dans*
« *l'hérédité, parce qu'elle ne renferme pas une appréhen-*
« *sion de ces objets. Il n'y avait pas même d'exception pour*
« *le* Suus Heres ».

Donc, pas de système plus simple : L'héritier ne
deviendra possesseur qu'en mettant la main sur les
biens héréditaires, la possession n'étant pas, comme
le sont les droits, transmissible de sa nature. Elle ne
peut être acquise que par le fait matériel et physique
de la prise du *Corpus*. L'adition, une fois faite par
ceux qui ont à remplir cette solennité, et l'entrée en
possession, une fois accomplie, l'héritier, quel qu'il
soit, devient le continuateur de la personne du défunt :
« *Heres et defunctus una eademque persona esse intelli-*
« *guntur* ».

C'était là une idée chère aux Romains, qui, née de
leurs croyances religieuses, s'était tellement implantée
dans leurs mœurs qu'elle avait influé sur leurs destinées juridiques ; ils nous l'ont, du reste, transmise et
nous aurons à voir le rôle qu'elle joue encore dans
notre droit. La superstition qui s'attachait au culte
domestique, réclamait instamment que les dieux du
foyer, les « *Sacra* », ne fussent pas désertés à la mort
du chef de famille. Grâce à l'institution du testament,
le défunt pouvait, suivant son affection, choisir telle
personne plutôt que telle autre, pour s'en remettre

à elle du soin de continuer ses devoirs religieux.

Le respect du nom, le repos dans la tombe en étaient le prix ; et si le successeur désigné ne faisait pas l'adition, comme il en était libre, l'autel de la famille était abandonné, les biens héréditaires vendus, ce qui marquait à jamais la mémoire du défunt du sceau de l'infamie.

Aussi était-ce pour éviter cette catastrophe, dont ils avaient la crainte la plus vive leur vie durant, que les héritiers nécessaires furent institués ; le défunt était alors sûr d'avoir un continuateur, un représentant posthume dont la présence détournait de lui la colère des dieux !

L'intervalle qui s'écoulera du décès à l'adition d'une part, à la prise de possession d'autre part, sera pour ainsi dire rétroactivement effacé, puisque de ce moment l'héritier sera censé reprendre la personnalité du défunt. Plus tard, la fiction hardie de l'*Hereditas jacens* viendra aider au maintien de celle de la continuation de la personne du défunt, en supposant que, jusqu'à l'adition, le défunt se survit avec toute sa capacité.

En ce qui concerne particulièrement la possession, l'appréhension matérielle qu'en accomplira l'héritier, lui fera, bien qu'en somme ce soit un fait nouveau, acquérir une possession qui ne sera pas nouvelle, celle du défunt. C'est ainsi que se peuvent expliquer les décisions du Digeste, qui admettent unanimement que pour usucaper, l'héritier peut joindre sa possession à celle du défunt. (Voir un texte d'Ulpien. Loi I, § 15. D. L. 47, t. 4).

Remarquons bien que nous sommes toujours dans le domaine de la fiction, celle de la continuation de la personne du défunt qui, seule, peut faire comprendre notre solution ; car, strictement appliqués, les principes plus haut énoncés sur la possession, devaient rendre impossible toute jonction.

En effet, du décès à la prise de possession effective, quelque court qu'eût été l'intervalle, il était suffisant pour amener une interruption empêchant tout « *Acces-* « *sio possessiones* » et par suite, toute continuation d'usucapion.

En autorisant l'héritier, devenu possesseur, à cumuler sa possession avec celle du défunt et à y ajouter même le temps intermédiaire, durant lequel le *de cujus* était réputé se survivre à lui-même, bien que ni lui ni l'hérédité jacente n'aient pu posséder effectivement le droit romain, dominé par l'intérêt pratique, apportait aux règles édictées par lui, une grande dérogation. Il ne faisait ni plus ni moins qu'attribuer à l'héritier « *une possession fictive* ad usucapionem », laquelle, il est vrai, trouvait son appui, je le répète, dans l'idée couramment acceptée de la confusion des personnes de l'héritier et du défunt.

Du moment qu'il était admis que l'héritier reprenait la vie du défunt, il n'était pas plus exagéré, en tout cas, il était plus utile, de dire que la possession de l'un allait être reliée à celle de l'autre. Entre ces deux assertions, il y avait même une certaine connexité dont nous trouvons la preuve dans les textes, lorsque ceux-ci nous apprennent que l'usucapion pouvait s'accomplir sans qu'il soit besoin d'envisager la valeur propre

de la possession de l'héritier : si l'idée de la continuation de la personne n'était pas intervenue dans l'acces-
sion des possessions, il aurait fallu décider, en effet,
que pour usucaper, la possession de l'héritier aurait
dû elle-même être capable de produire effet, être de
bonne foi par exemple, comme celle du défunt.

Or, au contraire, nous savons qu'il importait peu
que celle-ci eût une valeur propre. Il y avait donc
autre chose que la réunion de deux états de fait, de
deux possessions différentes ; il y avait justement cette
identification de personnes dont nous parlons, qui était
en quelque sorte un lien, un soutien de la solution
romaine, laquelle se trouvait résumée dans la maxime
fameuse « *Possessio defuncti descendit ad heredem* ».

Lorsque l'héritier se trouvait en face d'un tiers possesseur dont la possession était antérieure au décès,
outre les actions de fond accordées à tout propriétaire,
il avait une action spéciale du nom de « *Publicienne* »,
qui lui permettait de rentrer en possession, « *heredi*
« *et honorariis successoribus competit* » (1). Loi 7, L. VI,
T. 2).

Il n'avait pas d'interdits parceque ceux-ci supposaient
une possession perdue ; comme il ne l'avait pas même
acquise ici, il ne remplissait donc pas les conditions
suffisantes. Lorsque c'était postérieurement au décès
que le tiers s'était mis en possession, avant que l'héritier n'ait pu lui-même s'en emparer (car sans cela
c'étaient les règles ordinaires de la possession prise à
un possesseur qui étaient applicables), ce dernier pouvait agir en pétition d'hérédité, action grâce à laquelle
il réclamait l'ensemble du patrimoine sans avoir autre

chose à prouver que sa qualité d'héritier, et non pas comme dans l'action en revendication, la validité du titre de propriété.

Les textes nous apprennent, en outre, que dans notre cas, des interdits spéciaux « *adipiscendæ possessionis* » lui étaient attribués, toujours dans le but de lui faire *recouvrer* la possession, sous certaines conditions qu'il n'y a pas lieu d'examiner ici.

En résumé, l'héritier romain, s'il était obligé d'acquérir matériellement la possession, n'était en somme soumis qu'aux règles communément reçues en ce domaine; en tout cas, il était favorisé dans le but qu'il poursuivait, lorsqu'il se heurtait à la possession d'un tiers; en outre, il n'avait aucune demande en délivrance à formuler, aucun envoi en possession à solliciter. De telle sorte que si, à première vue, sa situation semble plus désavantageuse que celle de notre héritier « *saisi* », il n'en est rien au fond, grâce aux mesures prises pour protéger ses intérêts; de plus, au point de vue théorique, l'esprit a lieu d'être satisfait d'une solution où l'application des purs principes est seule en honneur.

L'héritier, comme tout autre, devra se mettre en possession lui-même, mais ceci fait, comme il sera réputé continuer la personne du défunt, on va lui permettre de joindre sa possession à celle du défunt, d'achever ainsi une usucapion commencée, fut-il lui-même de mauvaise foi. Il fallait en décider ainsi pour le bien général, et cette fiction de la représentation de la personne, tant par les services qu'elle rendait que par l'idée religieuse dont elle émanait, avait fini par s'immiscer tellement dans les pensées et les habitudes de chacun, qu'on en était arrivé à ne trouver en elle rien que de très naturel.

Il nous est loisible à présent de regretter que nous n'ayons pas suivi le droit Romain dans sa simplicité; il avait fait de la possession une théorie que nous avons acceptée, mais que nous n'avons pas appliquée, dans notre matière du moins! Je ne crois pas, en effet, que la rénovation proposée par des spéculateurs de la science juridique, aussi hardis que le célèbre professeur allemand Ihring, ait jamais chance de faire varier chez nous les connaissances que nous avons depuis un temps immémorial, sur la possession. On enseignera toujours que celle-ci, pour exister, a besoin de ses deux éléments, le *Corpus* et l'*Animus* et que de sa nature elle n'est pas autre chose qu'un fait. En Allemagne même, les efforts tentés n'ont séduit que des théoriciens, et l'œuvre toute récente du Code, où la théorie classique de la possession y est consacrée, nous en est un sûr garant (Voir : Ihring, *Du Fondement de la Possession*).

Il est donc juste de s'étonner qu'en France, un mot, dont le sens primitif était oublié au début du siècle, soit venu par suite de sa survivance, détruire la bonne harmonie de solutions qui devaient s'imposer, se coordonner et former un système juridique exempt de controverses.

La Saisine, quelle que soit, pour le moment, la définition que l'on donne d'elle, touche toujours à la possession; elle permet à celui qui en est investi d'en exercer tous les avantages.

Voilà le côté pratique sous lequel on l'envisage.

Nous avons déjà eu l'occasion de manifester le doute qu'un tel état de choses inspire.

Pourquoi donner à une personne, de plein droit, ce qui ne peut s'acquérir que matériellement ; pourquoi surtout donner à cette même personne la possession de biens auxquels elle ne succède pas ?

Il y a dans ces deux propositions la source de toutes les difficultés que nous avons rencontrées.

Pourquoi n'avoir pas respecté les règles du droit commun sur l'acquisition de la possession comme l'avait fait plus sagement le droit romain ?

D'autant que ceux qui prétendent que la possession héréditaire est par elle-même transmissible, comme si elle n'était qu'un droit pur, ne la définissent pas autrement que nous et ne réclament pas moins pour son existence la réunion des deux éléments : « *Corpus et Animus* ». Seulement ils font prévaloir ici l'un sur l'autre, le dernier, pour satisfaire plus aisément à des conséquences qu'ils n'obtiendraient que très difficilement sans cela. C'est à tort, selon nous, qu'ils s'éloignent ainsi d'un point de départ auquel nous reviendrons toujours pour notre part, à savoir : le caractère tout physique de la possession, caractère primordial auquel sans doute vient s'ajouter un facteur intellectuel, mais qui n'a ici qu'un rôle secondaire ; toutes nos actions, il est vrai, sont commandées par notre intelligence, et, à ce point de vue, il est certain qu'il n'existe pas de notre part d'actes que l'on puisse dire seulement matériels ; mais si je m'empare de telle chose, si j'ai l'intention de la faire mienne, d'en devenir posses-

6

seur, il me faut toujours, pour parvenir à mon but,
une prise physique de l'objet que je désire; l'*Animus*
n'est que le moteur de l'acte, qui, lui, n'est que matériel! Au surplus, l'étymologie même du mot (*Posse*, —
avoir en sa puissance, suivant les uns; *Sidere*, — s'établir sur, suivant les autres et selon l'opinion de Festus)
nous ramène toujours à l'idée d'un exercice matériel
auquel on ne peut rien suppléer, mais dont les effets
cependant peuvent être atténués dans toute législation par une fiction quelconque en vertu de la
toute-puissance des lois. La Saisine ne peut donc pas,
par elle-même, déroger à des principes aussi immuables
que ceux de la possession: elle ne peut qu'en gêner
l'application et nuire à l'intérêt général; à ce titre, elle
est tout à fait négative.

c) Nous cantonnant à présent dans notre seul droit
français, et plus particulièrement dans l'acquisition
des biens par acte entre vifs, testamentaire ou *ab intestat*, nous allons rencontrer de véritables successions
où la Saisine n'existe pas, où, dès lors, on est forcé
de recourir aux principes ordinaires sitôt qu'il s'agit
de régler une question d'acquisition de la possession!
Ce nous seront autant d'exemples destinés à montrer
l'inanité de la notion de Saisine, autant d'arguments
pour établir que, même chez nous, on a su quelquefois se passer d'elle, et qu'il importe de lui retirer un
rôle que l'on a jusqu'ici cru primordial, qui le fut
peut-être, mais qui ne l'est plus à présent.

A. Successions anormales. — L'ascendant dona-

teur succède aux biens par lui donnés lorsqu'ils se
retrouvent en nature (art. 747); c'est un véritable droit
de succession qui lui est dévolu, le Code le déclare
formellement, et la chose est d'autant moins douteuse
qu'il s'est, en cette matière, séparé des idées suivies
en pays de droit écrit, où le retour successoral n'était
considéré que comme un contrat sous condition résolutoire. Il doit, au surplus, respecter les aliénations et
les charges dont le donataire a grevé les biens qui lui
échoient; il les recueille donc dans l'état où ils se
trouvent au décès comme tout autre successeur. Il
succède, mais il n'est pas héritier; il n'est pas, quant
à cette succession particulière, considéré comme le
continuateur du défunt; nulle part, en effet, ce titre
ne lui est accordé; l'article 724 le lui refuse même
implicitement puisqu'il ne donne le titre d'héritier
« qu'à ceux qui, en raison du lien de parenté légitime
« existant entre eux et le défunt, sont appelés par la loi
« à recueillir la totalité des biens qui composent son patri-
« moine et qui constituent son hérédité; une double raison
« s'oppose donc à ce qu'on donne la qualification d'héri-
« tier aux personnes au profit desquelles s'exerce le retour
« légal. La première ressort de ce que le retour légal est
« bien moins fondé sur le lien de parenté que sur l'origine
« des biens. La seconde résulte de ce que le retour succes-
« soral ne s'exerce pas sur l'hérédité elle-même, mais sur
« une universalité juridique qui ne comprend que certains
« biens. » (Aubry et Rau, t. VI, p. 718, note 2.)

N'étant pas héritier, l'ascendant donateur n'a pas la
Saisine qui est l'apanage des héritiers (et tout à fait par
exception, article 1006, du légataire universel), en tout

cas toujours de successeurs appelés à recueillir toute l'hérédité! Le retour successoral ne portant que sur des objets déterminés ne peut même pas faire l'objet d'une Saisine particulière qui serait distincte de la Saisine ordinaire. La chose a cependant été soutenue. On a dit que l'ascendant exerçant son droit de retour, non pas à titre de créancier, mais bien de successeur, était héritier par cela même, et qu'il était « *saisi* » de plein droit des biens à lui échus; que la succession enfin à laquelle il était seul appelé formait à son avantage une dévolution toute spéciale distincte de celle à laquelle étaient appelés les autres héritiers. (Voir Demolombe, XIII, 481; Demante, III, 56 *bis*.) Mais, ainsi que le font très bien remarquer Aubry et Rau, de ce que l'ascendant est un successeur, on ne peut pas en conclure que c'est un héritier, c'est tirer d'un principe vrai une conséquence fausse (VI, § 640bis, note 2).

Pour s'en convaincre, il suffit de considérer les successeurs irréguliers qui, bien qu'appelés éventuellement à l'universalité des biens de la succession, ne sont cependant pas héritiers continuateurs juridiques de la personne du défunt (V. en ce sens S., 70, 1, 69).

N'étant pas héritier et n'ayant pas la Saisine, l'ascendant donateur n'aura cependant pas de demande en délivrance à faire, ni d'envoi en possession à obtenir; aucune disposition légale en effet ne lui impose, soit directement, soit indirectement une pareille formalité, du reste toute exceptionnelle par elle-même.

Par conséquent, comme il est propriétaire et que son droit est devenu transmissible à dater du décès en vertu de l'article 711, il est tenu, pour entrer en possession,

de s'y mettre de lui-même par un acte physique et
personnel, ou d'agir par une action en pétition d'hérédité, s'il se heurte à un tiers possesseur. Quant aux
fruits, par application de la règle générale de l'attribution des fruits, au propriétaire, le Code n'ayant
pas ici apporté d'exceptions comme il l'a fait aux
articles 1005 et 1014, il faut décider qu'ils appartien-
nent à l'ascendant donateur du jour du décès.

Ce que nous avons dit pour l'ascendant donateur,
nous le maintenons pour les mêmes raisons. au cas
du retour légal opéré par l'adoptant donateur (art. 351),
par les frère et sœur légitimes de l'enfant naturel
(art. 766), dont la situation est identique.

**B. Droit de succession des père et mère de l'en-
fant naturel.** — Les père, mère, et aussi les frère et
sœur naturels, d'un défunt né hors mariage, ne sont
pas non plus héritiers. L'article 756 — nouveau —
in fine, le déclare implicitement, en reconnaissant à
l'enfant naturel cette qualité vis-à-vis de ses parents,
et en gardant le silence à l'égard de ces derniers. Pour
les frère et sœur naturels, il n'y a pas de doute, puisque l'article qui les concerne est placé au titre des
« *successions irrégulières* ». Pour les père et mère on
pourrait arguer du système de la réciprocité et dire
que les enfants étant vis-à-vis d'eux héritiers, ils doivent l'être aussi à leur égard? Mais ce ne serait là
qu'un argument spécieux, car la raison qui a fait donner récemment le titre d'héritier aux enfants naturels
n'a semblé avoir aucune valeur vis-à-vis des parents
puisque l'ancien état de choses en ce qui les concerne

a été maintenu; du reste on comprend fort bien que
le législateur n'ait pas à leur endroit montré la même
sollicitude. Et puis, en cette matière, ne faut-il pas
s'en tenir aux textes? Avant 1896, personne ne les
considérait comme héritiers; la loi nouvelle ne s'étant
pas occupée d'eux, qu'ils restent donc ce qu'ils étaient,
ce qu'ils seront jusqu'à nouvel ordre, des successeurs.

Ils ne sont pas héritiers, ils n'ont pas la Saisine,
pour les raisons que nous connaissons; ils ne sont
pas davantage soumis aux formalités des articles 769
et suivants, aucune connexité n'existant entre la pri-
vation de Saisine et l'envoi en possession, bien qu'il
en ait été ainsi décidé par certains auteurs; écoutons,
dans notre sens, Aubry et Rau :

« *De ce qu'une personne ne succède pas de plein droit à*
« *la possession du défunt, ce n'est pas une raison pour en*
« *conclure qu'elle ne soit point autorisée à appréhender de*
« *son autorité privée la possession de l'hérédité à laquelle*
« *elle est appelée. Réciproquement de ce qu'une personne*
« *se trouve en droit de se mettre elle-même et sans inter-*
« *vention de la justice en possession d'une hérédité ce n'est*
« *pas un motif pour en induire que cette personne jouisse*
« *de la Saisine héréditaire et de la qualité d'héritier à la-*
« *quelle cette Saisine se trouve attachée* » (Aubry et
Rau. VI, § 640, note 2. — *Contra*, Demolombe, XIV,
232; Vazeilles, art. 765, n° 9.)

Donc, ici encore, nous dirons que la possession sera
acquise par et aussitôt l'appréhension qu'ils en feront,
comme s'il s'agissait de biens autres que ceux composant une hérédité.

C. Institué contractuel. — L'institué contractuel n'a sa vie durant aucun droit effectif sur les biens objets de l'institution, puisque l'éventualité d'une aliénation à titre onéreux de la part de l'instituant, suffit à annihiler ses espérances. Ce n'est qu'au décès qu'il deviendra propriétaire et que son droit sera transmissible ; à ce titre donc, c'est une véritable succession qui s'ouvre pour lui.

De l'instituant à l'institué aucune transmission entre vif n'ayant pu avoir lieu, ni de propriété ni de possession, c'est au décès seulement que celle de la propriété du moins se produira de plein droit, selon l'article 711, sauf encore à l'institué la liberté de répudier ou de n'accepter que sous bénéfice d'inventaire. Son droit est à la vérité difficile à définir au premier abord, car il semble bien se rapprocher du legs, d'une part, en ce sens qu'il porte sur des biens à venir, sur des biens héréditaires, et de la donation, d'autre part, si l'on considère que sa validité est soumise aux conditions de fond de toute donation, principalement à l'irrévocabilité, puisque l'instituant ne peut plus, en principe, disposer à titre gratuit des biens par lui donnés. Pour notre part, nous inclinons fortement à croire que l'institution contractuelle n'est qu'une donation, et cela justement à cause de ce caractère restrictif, décidément attaché à l'exercice du droit de propriété quant aux biens objet de l'institution (Aubry et Rau, t. VIII, p. 62).

De là résulte que l'institué n'a pas droit à la Saisine qui n'existe qu'au cas de l'article 724, même s'il est donataire universel, croyons-nous, et n'ayant devant lui que des non-réservataires. Les auteurs, en effet, qui font dans ce dernier cas l'application de l'article 1006 et donnent à l'institué la Saisine héréditaire, commettent, à notre sens, sinon une erreur, du moins un illogisme; car ils ont dit par ailleurs que l'institué n'était pas un légataire, mais bien un donataire, c'est-à-dire qu'il ne pouvait avoir jamais la Saisine, et aussi que l'article 1006 n'était qu'une exception des termes duquel on ne pouvait pas s'écarter.

L'article 893 qui porte : « *On ne peut disposer de ses biens, à titre gratuit, que par donation entre vifs ou par testament* » vient appuyer notre opinion : de deux choses l'une, ou vous acquerrez par donation ou par testament ; or, nous sommes tous d'accord pour décider que l'institution contractuelle n'est pas un testament ; ce n'est donc qu'une donation! Pourquoi, dès lors, quand la loi ne le dit pas, vouloir appliquer des règles édictées seulement en vue des testaments? (En ce sens Laurent. *Contra :* Aubry et Rau, V, p. 82 ; Baudry-Lacantinerie, II, p. 720).

A notre avis donc, l'institué contractuel n'est jamais héritier et n'a jamais la Saisine; les articles 959, 1080, 1090, déclarent en termes précis que ce n'est qu'un successeur. Mais comme ici encore, il n'est dit nulle part qu'il doive faire une demande en délivrance pour pouvoir exercer les actions possessoires ou pétitoires qui lui compètent, ou encore pour recueillir les fruits des biens à lui échus ; comme il n'est en aucune façon soumis à cette formalité d'exception, force nous est d'ajouter encore cette succession particulière à celles déjà signalées, où la Saisine n'existant pas, c'est au droit commun qu'il faut recourir sitôt qu'il s'agit de régler toute question de possession !

Si à dire vrai, la liste n'est pas longue de ces successions où la Saisine n'a pas de place, elle est suffisante à nous convaincre de cette vérité que l'on se peut fort bien passer d'elle ; le droit romain auquel nous avons cependant fait bien des emprunts ne la connaissait pas, ne donnait jamais à un héritier à dater du décès et de plein droit, la possession des biens héréditaires ; nous venons de voir que nous-mêmes, en certaines occasions, nous ne lui avons donné aucun rôle ! Elle n'est donc pas, comme on semble se plaire à le croire, ce rouage vital de tout notre système de la transmission héréditaire. Comme nous savons d'autre part les difficultés qu'elle engendre, tant par ses applications que lorsqu'il s'agit de l'analyser, il importe donc de se débarrasser d'elle ; les efforts que l'on a tentés pour la rendre moins choquante dans ses résultats, ne sont pas parvenus à l'empêcher d'être gênante ! En l'oubliant un instant, sachant toute question d'acquisition de la propriété réglée par l'article 711, nous sommes forcément conduits, en ce qui concerne alors la possession, à suivre les principes du droit commun. Ce droit commun peut entraîner des conséquences fâcheuses, ne pas permettre par exemple la continuation d'une usucapion commencée par le défunt ; ce sera alors à la loi d'en atténuer les effets, d'y apporter des dérogations au profit de l'intérêt général, mais ce qu'elle ne pourra jamais faire, c'est rendre une notion qui par sa nature même ne peut être que matérielle, la rendre dis-je, immatérielle. Cela, elle ne le peut pas, parce qu'elle se heurterait aux conceptions mêmes de l'esprit, parce qu'elle viendrait obscurcir l'intelligence des principes, et saper par la base l'édifice successoral.

CHAPITRE V

———

Ce qu'est la notion de la Saisine
en elle-même. — Sa critique

———

Devant les difficultés qu'il y a de faire de la Saisine une théorie homogène, devant les controverses qu'elle soulève, nous arrivons pour notre part à ne plus voir en elle autre chose qu'une institution surannée, qui utile à son heure ne l'est plus aujourd'hui, et qui par cela même ne se peut plus adapter à nos idées nouvelles. Il nous semble certain, en effet, qu'en écrivant l'article 724, notre législateur n'a fait que consacrer la vieille division des successibles en deux classes : les uns continuateurs de la personne du défunt, les autres simples successeurs aux biens. Nous avons vu que déjà sur ce principe une discussion s'est élevée parmi les auteurs à propos du légataire universel : ceux-ci prétendant qu'il était désormais assimilé en toutes circonstances à l'héritier du sang, ceux-là ne voulant pas le considérer autrement qu'il n'était dans l'ancien droit, c'est-à-dire toujours comme un succes-

scur aux biens; enfin une troisième opinion intermédiaire, à laquelle nous nous rallierons, n'admettant
l'assimilation qu'au cas tout exceptionnel de l'article 1006. Mais nulle part, il n'a été dit que l'unification générale des successibles eût été faite. Aussi
peut-on poser, croyons-nous, que la Saisine est restée
parmi nous l'étiquette de l'ancienne fiction de la
représentation du défunt par l'héritier du sang. Jadis
les coutumes n'ayant pas étendu l'usage des clauses
de vest et de devest aux transmissions à cause de
mort, ceux qui ne continuaient pas la personne du
« *de cujus*, » devaient s'adresser à son représentant
légal pour obtenir tradition des biens légués. Il n'en
est pas autrement à présent : Le légataire universel
est bien en fait propriétaire du jour du décès, mais à
dire vrai, il a plutôt « *un droit à la propriété que la propriété elle-même*, » il est toujours soumis à la délivrance. C'est que notre législateur à l'époque troublée
où son œuvre se concevait a subi des influences
multiples, il n'a fait qu'harmoniser tant bien que mal
les traditions coutumières et celles du droit écrit.
Treilhard le reconnaissait lui-même lorsqu'il disait :
« *Il sera encore nécessaire d'étudier dans nos coutumes*
« *l'histoire de la législation française et d'y chercher les*
« *premières traces des règles que nous avons dû en ex-*
« *traire.* » (Fenet, XII, n° 159.)

Il a suivi une marche incertaine vers le progrès, due
sans doute, suivant l'expression de Malleville, « *à l'état
amphibie* » où se trouvait alors notre politique, au
doute où l'on était de savoir si telle idée en honneur
aujourd'hui le serait encore demain. Il a manqué d'ori-

ginalité et de lui-même atténué les règles qu'il avait établies. C'est ainsi qu'après avoir déclaré que le droit du sang ne serait plus le titre unique de la vocation héréditaire, mais bien la volonté du défunt et à son défaut son affection présumée, il a conservé la légitime en l'appelant réserve, et n'a pas tenu compte de l'amour conjugal. Il n'a pas consacré les avantages du droit coutumier qui maintenait les biens dans les familles, il les en a fait sortir comme le droit écrit sans les faire cependant passer comme lui au plus proche parent dans la succession *ab intestat* (partage dans les deux lignes). Et s'il a permis à un père de faire des parts inégales entre ses fils, il n'a pas été jusqu'à lui laisser la liberté de les exhéréder tout à fait. De même, il garda la Saisine par une sorte de respect historique, et, tout en ne lui reconnaissant plus le rôle qu'elle avait primitivement joué dans le transfert de la propriété, il lui donna néanmoins, dans notre Code, une place qu'il ne s'aperçut pas être inutile : du moment, en effet, que l'on posait que tout successeur était « *ipso jure* » dès le décès « *propriétaire* » des biens héréditaires, pourquoi venir, par le maintien de la Saisine, apporter des complications dans une règle aussi simple? La raison m'en semble être dans la vieille maxime : « *Dieu seul fait des héritiers* », qui, bien qu'on s'en soit défendu, avait elle aussi survécu! Elle avait fait une impression trop profonde pour qu'on s'en soit si vite débarrassé, ses racines étaient trop bien attachées pour qu'elles devinssent tout à coup improductives. A ceux qu'un droit naturel et primordial, le droit du sang, unissait intimement au défunt, au point de ne

faire avec lui qu'un seul être juridique, on a laissé les
prérogatives dont ils jouissaient autrefois. On reconnaissait bien que cela n'avait plus raison d'être, on le
disait, mais les anciennes idées demeuraient, s'impo-
sant pour ainsi dire d'elles-mêmes, à la dérobée, et
sans qu'on le voulût avouer. « *Des héritiers seront saisis* », cela signifiait que des héritiers comme autrefois
seraient mis aux lieu et place du défunt, le représen-
teraient avec cette différence que leur investissement
serait censé venir de la loi elle-même. Et ce seront
justement ceux à qui la consanguinité donnait jadis un
droit imprenable !

L'héritier saisi va donc encore se substituer au défunt, comme si tous deux avaient formé une société où
le survivant devait s'engager à reprendre pour lui seul
le patrimoine commun. Au jour de l'ouverture de la
succession, il y aura changement de personnes, pas
autre chose ; l'héritier ajoutant sa fortune à celle qu'il
recueille en fera un tout dont il deviendra dans le
passé comme dans l'avenir le seul propriétaire responsable, acceptant et faisant siennes ainsi toutes les
charges créées par le défunt. Les créanciers n'auront
plus qu'à changer un nom à leurs quittances. « *Le
Mort saisit le vif* », c'est la généralisation de cette autre
formule : « *Le roi est mort, vive le roi* », qui signifiait
jadis que la couronne de France, ne dépendant de
personne, se transmettait d'elle-même sans intermédiaire à travers les siècles et les générations, et survivait ainsi toujours aux individus ! (Thiercelin, *Revue
critique*, 1872.)

Ce fut là l'erreur de notre législateur ; il est resté en

arrière, il n'a pas suivi l'évolution qui s'était produite parmi nous, dans l'éclosion d'idées nouvelles.

Sans doute il a innové, mais bien timidement.

Il a fait l'article 1006 ; il a quelquefois élevé le légataire universel du rang inférieur où il était, à celui de l'héritier, comme il s'y trouvait déjà en droit romain et en pays de droit écrit ; il a fait là le mélange de deux principes entre lesquels, à la vérité, il aurait dû choisir : le droit de famille, droit inéluctable n'appartenant qu'aux parents, d'une part, — et la volonté du testateur se substituant à ce droit, d'autre part ; il a préféré dire que l'héritier du sang pourrait être exclu dans certaines circonstances.

Puis il a autorisé les créanciers à poursuivre les légataires à partir de la délivrance, alors que jadis ils n'avaient pas à les connaître, mais il faut dire que de bonne heure on avait reconnu que les légataires devaient subir une réduction proportionnelle, contribuer aux dettes dans la force de leur émolument (art. 334, *Coutume de Paris*) ; il n'y a donc pas eu de ce côté innovation à proprement parler. Le laconisme que le Code a du reste observé en notre matière est une preuve de son respect des théories anciennes, qu'il a voulu consacrer chaque fois qu'il n'a pas dit le contraire, et son erreur justement fut grande de ne pas voir que les idées modernes n'allaient pas pouvoir s'emboîter aisément dans le moule trop vieux qu'il n'avait pas détruit.

L'héritier « *saisi* » devient donc du jour du décès propriétaire et possesseur comme l'était le *de cujus*, des mêmes biens et dans les mêmes circonstances.

Ceux qui n'ont pas la Saisine, au contraire, n'ont vis-
à-vis le défunt qu'un rapport d'ayant cause à titre particulier; ce ne sont que des successeurs aux biens,
rôle réputé inférieur et réservé aux étrangers qui n'ont
pas un lien de consanguinité avec le défunt. Cependant, ils sont également propriétaires du jour du décès
et peuvent transmettre à leurs propres héritiers les
biens qui leur échoient. Quelle utilité a dès lors pour
eux l'envoi en possession ou la délivrance? De ce
qu'ils sont propriétaires, ne s'ensuit-il pas et n'est-ce
pas la règle du droit commun qu'ils sont également
possesseurs dès qu'ils ne se heurtent pas bien entendu
à la possession d'un tiers, et sitôt qu'ils ont eu la main
mise sur les biens auxquels ils succèdent?

Il en devrait être ainsi en effet, mais la Saisine nous
empêche de donner cette solution, bien qu'elle soit la
meilleure ; et c'est la plus sérieuse raison qu'il y ait de
regretter sa survivance. Le législateur n'a pu faire une
théorie nouvelle dont il n'aurait nulle part tracé les
grandes lignes ; il a puisé seulement aux sources des
anciens auteurs, et la confusion, l'ignorance si l'on
veut de ces derniers, sur notre sujet, il nous l'a transmise. On peut néanmoins, sans craindre de se tromper, affirmer que pratiquement la Saisine avait au début du siècle perdu son sens primitif, puisque la question du transfert de la propriété était définitivement
tranchée; elle ne va plus désormais régler qu'une
question de possession provisoire.

En effet, l'héritier « saisi » a pour lui une présomption de propriété, c'est lui qui régulièrement devrait
succéder, il a « un titre meilleur » et tant que les qua-

lités des autres successeurs ne seront pas reconnues, on le réputera possesseur ! Pourquoi ? Parce qu'en toutes circonstances et dans la crainte d'un procès il faut d'ores et déjà dire à qui sera donnée la possession, à qui reviendra le rôle favorable de défendeur. Le législateur toujours imbu des droits de parenté a désigné le représentant du défunt, l'héritier du sang. Il n'est pas douteux, dit Bigot-Préameneux que le défunt peut se choisir un successeur étranger, mais ce qu'il a droit de faire, l'a-t-il fait réellement ? Jusqu'à l'envoi en possession on ne peut le savoir, et durant ce temps il faut un possesseur ! Treilhard, précisant des idées déjà émises par Tronchet, dit à son tour : « *Le testa-* « *ment peut être nul ; il n'en résulte dès lors aucun droit* « *pour l'institué ; celui-ci ne peut donc être saisi que quand* « *sa qualité sera reconnue* » et plus loin : « *L'institué* « *peut ne présenter son titre qu'après un long espace de temps ;* « *or il faut dans l'intervalle que la succession repose sur* « *une tête quelconque* ». (Fenet, t. XII, p 10 et suiv.)

On peut ajouter que la formalité d'envoi sera toute d'administration et d'intérêt général : elle empêchera des étrangers quelquefois nombreux de s'immiscer dans les secrets de famille ; puis si tous les légataires venaient ensemble, de leur propre autorité, puiser à la succession, celle-ci ne saurait être régulièrement liquidée, il y aurait du désordre, des abus et chacun en souffrirait. Tandis que l'héritier est là pour surveiller les opérations, exécuter les volontés du défunt, ne dut-il rien recueillir lui-même. Tant que le défunt sera ainsi représenté, sa possession sera continuée et transmise directement sans solution de continuité de l'héritier

7

« *saisi* » au successeur irrégulier ou testamentaire.
Mais lorsque ces derniers seront seuls en présence,
lorsqu'il n'y aura pas d'intermédiaire entre le défunt
et eux, qu'adviendra-t-il ? leur possession sera-t-elle
interrompue? Sans aucun doute, à mon sens ! La faute
en revient au législateur qui par l'effet de sa toute-puissance, a retiré dans l'espèce la possession au propriétaire, c'est-à-dire à celui à qui normalement elle devrait
appartenir, pour la donner, dans un but que l'on peut
discuter, aux parents du défunt et quelquefois au légataire universel ! Il s'est trompé lourdement si l'on veut,
il mérite des reproches, que nous ne lui ménageons
pas nous-même, il a dérogé aux principes communément reçus sur l'acquisition de la possession, soit,
mais à tort ou à raison il en a décidé ainsi.

On peut s'insurger et dire que l'article 2235 a d'autre
part posé que la possession d'un auteur se joint à
celle de son ayant cause, quel qu'il soit, pour mener
plus rapidement à la prescription ; y aurait-il donc ici
une exception? Il n'y a pas d'exception à cette règle
écrite en toutes lettres, il y a seulement ici défaut
d'application.

L'article 2235 fait allusion à la continuation de deux
possessions, de deux états de fait se succédant immédiatement, par la remise instantanée de la possession
d'une main à l'autre; et celle-ci est continuée parce
qu'elle n'a justement pas été interrompue. Or notre
cas est différent : la loi a donné la possession des
biens héréditaires au seul continuateur de la personne
du défunt, elle n'a pas voulu que le successeur « *non
saisi* », put l'acquérir de lui-même ; à défaut d'héritier

il devra s'adresser à la justice ; et comme alors il ne peut être question de continuation de personnes, il y aura eu forcément un espace de temps où la possession aura été interrompue !

On le voit nous en arrivons à conclure que la Saisine n'a trait qu'à la possession, et cela par suite d'une survivance historique, que lorsque le défunt n'aura pas de continuateur, sa possession ne pourra plus être acquise directement, sauf encore à savoir si la possession de fait ne peut en arrêter les conséquences ! Nous le répétons, tout cela c'est le résultat d'une idée fausse, comme nous n'aurons pas de mal à le démontrer tout à l'heure, idée qui du moins n'a plus cours aujourd'hui, mais dont, quelque regret qu'on en ait, on est forcé d'admettre les effets ! Et s'il nous faut préciser ceux-ci, nous dirons : que l'héritier « *saisi* » continuateur du défunt aura immédiatement l'administration des biens de la succession, l'exercice actif et passif des actions et qu'il sera tenu « *in infinitum* » des dettes ; que le légataire universel, dans le cas de l'article 1006, a été assimilé à l'héritier saisi, par satisfaction donnée aux théories romaines, et aussi par suite de ce raisonnement qu'une personne mourant sans enfants ni ascendants, il n'y a rien d'étonnant qu'elle s'en remette à un étranger, dont elle a pu apprécier l'affection, du soin de devenir son mandataire posthume, plutôt qu'à des parents qu'elle ne connaît peut-être pas. Quant aux fruits, ainsi qu'on l'écrivait à l'article 85 du projet (Fenet, t. 12, p. 390), ils découlent toujours de la Saisine ; bien que propriétaire, le légataire particulier n'y aura droit qu'à dater

de la demande en délivrance (1014) puisqu'en le pri-
vant de la Saisine la loi a voulu jusque là lui retirer
les avantages attachés à son droit; et si elle a au
contraire permis aux légataires universels non saisis,
de les percevoir dès le décès, ce n'est encore que par
une concession faite aux partisans du droit romain !

Tout en nous regardant obligé de nous ranger sur la
Saisine à cette opinion, loin de nous la pensée de ne pas
maintenir les critiques que nous avons faites sur elle,
ou d'atténuer les inconséquences dont nous l'accusons.
Nous n'avons même cherché à préciser la pensée du
législateur, que pour la mieux condamner après, et
pour souhaiter une réforme du régime successoral. Il
nous faut vivre avec un système de lois qui n'est que
le rajeunissement d'institutions d'un autre temps, il
nous le faut respecter en tant qu'interprètes de celui qui
les a faites, parce que nous ne pouvons pas nous substituer à lui ; — mais libre à nous de nous élever contre
les soi-disant principes où il a puisé sa pensée, libre
à nous de montrer l'erreur commise dans les applications qu'il en a tirées, en nous maintenant alors
aux sphères plus libres de la législation pure où nous
pourrons repousser des idées qui ne sont plus l'écho
ni de nos pensées ni de nos mœurs.

La fiction de la continuation de la personne, qui
maintient encore entre les successibles une différence
de titre est une des plus surannées qui soit ! C'est elle
qui est la cause de ce manque d'uniformité dont nous
nous plaignons, de toutes ces difficultés que nous
avons rencontrées, de tous ces problèmes irrésolus !

Elle se comprenait autrefois, à l'époque où la co-propriété familiale était l'unité sociale, où il n'y avait que des familles, vraies personnes morales formant chacune un groupe dont l'un des membres devenait le chef dans l'intérêt de la police intérieure et des bonnes relations extérieures ! Ce chef disparu, un autre lui succédait, devenait à son tour administrateur de la famille dont les engagements subsistaient ainsi perpétuellement, grâce à cette solidarité qui rendait tous les membres responsables des obligations de chacun La société germanique dont la nôtre est issue, était ainsi faite ! Cette intime union d'êtres vivant sous le même toit, portant un nom semblable, n'ayant que des aspirations et des intérêts communs, faisait donc d'un héritier le réel continuateur du défunt, le mandataire de sa volonté, tenu d'exécuter ses actes en cours, de toucher ses créances et de payer ses dettes ! C'est ainsi que de génération en génération, la personnalité juridique survivait toujours, de même que les dettes d'un état passent de gouvernement à gouvernement à travers toutes les perturbations extérieures !

La société se transforma peu à peu, les familles se désagrégèrent, mais l'effet ancien sous l'effort de l'habitude, demeura, bien que la cause qui l'ait fait naître eut disparu !

L'héritier fut toujours censé représenter le défunt, il y avait là un sentiment de dignité bien fait pour conserver cette fiction, d'autant que le droit héréditaire était réputé divin : « *Dieu seul fait des héritiers* » ! De telle sorte que lorsque les travaux du Code commencèrent, cette vieille croyance n'était pas morte,

elle sommeillait au cœur de chacun, comme ces
légendes populaires qui courent encore en certains
pays, et notre législateur en subit l'influence ! Mais
ce n'était déjà qu'un souvenir ; la Chevalerie du Moyen
âge avait fait place en réalité à un esprit plus pro-
saïque et plus intéressé, la cellule individuelle était
bien devenue la vraie base successorale et toute idée
de copropriété avait été à jamais bannie ; « *Nul n'est tenu*
« *de rester dans l'indivision* », voilà le nouveau principe !
Aujourd'hui il n'y a plus que des individus qui viennent
recueillir des biens ; la continuation de la personne,
jadis en harmonie avec les mœurs et l'état social,
n'est plus qu'un formule vide de sens ; depuis le début
du siècle, sous la pression de la civilisation, cette
vérité s'est affirmée, les souvenirs historiques s'en
sont allés au souffle du scepticisme et la réalité des
faits actuellement, c'est qu'une personne en mourant
laisse sa fortune à un autre pour que l'actif et le passif
s'y compensent, et sans que ce dernier doive influer
sur les destinées personnelles du successeur. La
Saisine en identifiant le défunt à son héritier, est donc
en elle-même le résultat d'idées inadmissibles de nos
jours, où il n'y a plus de continuateurs du défunt. La
faveur dont jouit le bénéfice d'inventaire qui en
corrige les effets, vient nous en convaincre. Sous
l'empire du droit coutumier accepter une succession
sous bénéfice d'inventaire était regardé comme
l'inaccomplissement d'un devoir, comme une insulte au
défunt. On avait à honneur de prendre pour soi les
charges de celui-ci comme on espérait à sa mort, voir
ses obligations exécutées par les siens. Au surplus,

n'est-ce pas une idée bien humaine que de ne pas
vouloir mourir tout entier? L'homme craint la mort et
à l'époque encore naïve dont nous parlons, on croyait
peut-être la braver en laissant après soi quelqu'un
qui prît votre place et fît sienne sur la terre votre œuvre
inachevée.

Maintenant la superstition n'a plus autant de prise
sur nous; nous avons pour nos morts, sinon moins de
respect, moins de générosité : on ne voit pas mal, on
trouve même prudent de n'accepter une succession
qu'après en avoir pesé la valeur, pour être assuré de
ne pas subir à cause d'elle une dépréciation sur sa
fortune personnelle. N'est-ce pas la preuve surabon-
dante de la marche que nous avons suivie, et dont
notre législateur n'a pas voulu ou pu tenir compte ?
Nous ne sommes plus que des hommes d'affaires qui,
dans une succession, ne voyons plus que l'appât du
gain. Le fils qui, au prix de sa vie entière, vient faire
face aux engagements de son père, passe de nos jours
pour une grande âme et l'admiration que l'on professe
pour lui montre combien ce qu'il croit un devoir,
n'est apprécié par ses semblables que comme un
dévouement ! Parmi nous donc il n'y a plus en fait
qu'une classe de successibles : les successeurs aux
biens : des règles uniformes leur devraient être appli-
quées, c'est le courant de la vie moderne qui le veut !

CHAPITRE VI

———

Législation étrangère

———

I. — La Saisine héréditaire telle que nous la connaissons chez nous, c'est-à-dire investissant l'héritier non seulement de la propriété, mais aussi de la possession des biens de la succession, aussitôt le décès, ne nous est pas une notion exclusivement personnelle ; d'autres législations l'ont adoptée : notre Code civil fût, en effet, lors de sa création, une œuvre aussi considérable que nouvelle, et l'on en fit des imitations serviles. C'est ainsi que la Belgique, la Hollande et certains cantons suisses ont admis une Saisine semblable à la nôtre, avec cette différence, cependant, qu'elle est accordée à tous les héritiers légitimes sans distinction d'ordre ni de degré.

D'autres, au contraire, la limitent à certains parents de degrés déterminés ; telle la loi Roumaine, qui l'attribue aux parents légitimes en ligne directe seulement — ascendants et descendants — tous les autres devant obtenir un envoi en possession. Ce n'est donc pas dans ces pays, soumis à l'influence de nos théories juridiques, que nous trouverons des exemples à suivre ; ayant partagé nos erreurs, ils méritent les mêmes reproches que ceux adressés à notre législateur.

En Angleterre, le système est bilatéral : s'agit-il d'une succession mobilière, un administrateur judiciaire est nommé à qui on donne la Saisine, à qui les héritiers et tous les autres intéressés devront soumettre leurs demandes ; c'est lui qui paiera les dettes qui, du reste, ne grèveront jamais l'héritier au delà de la valeur du patrimoine ; s'agit-il, au contraire, d'immeubles, l'héritier, quel qu'il soit, est irrévocablement saisi, il ne pourra pas renoncer ; c'est un héritier nécessaire qui ne sera, néanmoins, pas tenu des dettes « *ultra vires* », comme on pourrait le croire, mais qui ne pourra agir contre les tiers, en revanche, qu'après avoir manifesté sa qualité d'héritier par un acte de maître.

II. — L'Autriche et l'Allemagne ont fait, à l'inverse de nous, une stricte application des principes relatifs à la possession ; ces deux législations ne peuvent donc que nous être d'un utile enseignement et nous servir de guide dans la voie que nous souhaiterions voir suivre chez nous. Ni l'une ni l'autre ne connaissent notre Saisine et toutes leurs solutions y gagnent en simplicité ; elles ne connaissent point non plus les controverses qui nous divisent.

En Autriche, tout héritier doit se faire envoyer en possession par le tribunal du lieu de l'ouverture ; les jurisconsultes autrichiens, très respectueux de la nature matérielle de la possession, et n'admettant pas plus que nous ne l'admettons pour notre part, qu'elle puisse être transmissible, exigent pour sa perfection une appréhension effective, sans laquelle on ne peut pas se dire possesseur ; seulement, pour éviter les fâcheuses conséquences qui en résultent pour l'*usucapio* par exemple, ils ont remis en honneur la vieille fiction romaine « *Hereditas jacens personam defuncti sustinet* ». qu'ils ont établie comme base de leur dévolution successorale. De cette sorte, le défunt étant censé survivre, l'héritier joindra sa possession à celle de ce dernier, sans qu'il y ait eu légalement d'interruption, jusqu'à la prise nouvelle qu'il fera sur l'autorisation du tribunal du lieu d'ouverture.

C'est assurément là une législation des plus primitive, mais, à bien considérer, si la nôtre est plus savante, elle pèchera toujours par les difficultés issues du problème de notre Saisine.

Le Code allemand nous sera d'un tout autre intérêt et peut, jusqu'à nouvel ordre, servir de modèle en la matière. Terminé d'hier seulement, il est le produit de l'érudition la plus récente, et il a pu profiter de tous les travaux faits jusqu'à ce jour dans le domaine juridique. Nous pouvons donc trouver en lui l'écho des idées nouvelles, suivre l'évolution qui s'est produite en nous, enfin, consulter un travail tout moderne. (Voir la traduction du Code allemand, et des motifs du projet, dans R. de la Grasserie.)

Or, voici sur la possession, objet d'un chapitre spécial, les définitions que nous trouvons :

« *La possession d'une chose s'acquiert par son obtention*

« *effective jointe à l'intention de posséder, d'avoir cette*
« *chose comme sienne.* »

Plus loin, lorsqu'il s'agira de la possession des biens
héréditaires, nous lirons :

« *La possession et la détention des choses dépendant de*
« *la succession ne passent pas de plein droit à l'héritier.* »
Article formel et qu'il est intéressant de rapprocher
de cet autre : « *Les droits et les dettes dépendant du*
« *patrimoine du défunt passent de plein droit à l'héritier*
« *lorsqu'ils ne s'éteignent pas par le décès du défunt.* »

C'est nous dire, en d'autres termes, que la possession n'étant qu'une notion de fait, de laquelle on ne
peut se départir, ne peut être en aucune façon transmissible de plein droit, comme le sont les éléments
purement intellectuels qui forment l'ensemble des
droits d'une personne. Et il faut bien admettre que
cette vérité s'impose, puisque les derniers travaux du
siècle confirment les théories primitives formées par
les Romains et répudient tout essai tendant à faire de
la possession, sinon un droit proprement dit, du moins
une notion pouvant se subdiviser en état de fait, d'une
part, et état de droit, d'autre part.

Néanmoins, ici encore, par crainte de voir un usurpateur favorisé par l'application de ces principes et
pouvant jouir ainsi en paix du fruit de son usurpation,
et, d'un autre côté, pour que les tiers créanciers ne
soient pas lésés par la mort de leur débiteur, on
va donner activement et passivement à l'héritier
« *les moyens de protection attachés à la possession* ».
(Art. 2053 des Motifs du projet.) De cette sorte,
l'héritier va, en fait, jouir d'une possession qu'il

n'a pas et pouvoir l'acquérir plus aisément. Mais ce n'est pas à dire que la non-acquisition effective de la possession, que le défaut de Saisine, si l'on veut, n'ait aucune conséquence; au contraire, le Code allemand en a tiré cet effet très logique : que tant que l'héritier ne se sera pas de lui-même mis en possession, il ne pourra pas invoquer la possession de son auteur à son profit; la jonction des deux possessions est possible, et avec elle celle du temps intermédiaire, mais à la condition que l'héritier ait, lui, fait acte de possesseur!

C'est l'application de cette idée que les obligations et les droits, supposant la possession ou la détention, ne peuvent atteindre l'héritier qu'autant qu'il s'est créé à lui-même la possession ou la détention lorsque la loi n'en dispose pas autrement (*Motifs du projet*, § 2052).

Ces moyens de protection attachés à la possession dont nous venons de parler, et qui sont immédiatement donnés à l'héritier, sont exprimés par le mot « *Die Gevehere* », qui signifie « *Garantie* ». L'héritier allemand a des «*garanties*», le nôtre a la Saisine. Le seul point de contact de ces deux dispositions législatives, s'il y en a un toutefois, consiste en ce que l'une et l'autre traduisent une même pensée avec des moyens différents : le besoin qu'il y a d'accorder à un héritier des prérogatives qu'un étranger ne pourrait avoir en pareille circonstance, la reconnaissace à son avantage d'un titre meilleur qui le doit faire préférer à des légataires particuliers et le faire protéger contre les tiers. Mais sitôt qu'il va falloir mettre cette idée à exécution, les deux législations se séparent. En Allemagne en effet, le légataire universel et à titre universel est un héritier, l'institution émanée du défunt, ayant, comme en droit romain, valeur légale. Lorsque cette institution ne portera que sur une quote part, la succession légitime s'ouvrira séparément pour le surplus ; il y aura deux successions au lieu d'une, mais les charges (dont les legs) seront payées proportionnellement au quantum de ce que chacune aura recueilli.

Ce qui fait que ces avantages que nous donnons, nous, à l'héritier du sang et quelquefois au légataire universel, vont appartenir, en droit allemand, à tous ceux appelés à une part de l'universalité. Pratiquement, ces mêmes avantages, ces « *garanties* » vont se manifester par la délivrance d'un certificat, de la part du Tribunal du lieu d'ouverture, sur la demande de l'héritier, qui évitera désormais tout envoi en possession ou tout acte de notoriété. Ce sera la constatation officielle des droits de l'héritier qui nous dira dans quelle mesure il les pourra exercer ; ce sera un titre aussitôt utilisable, non pas irrévocable, car il se peut que dans la suite le testament soit cassé, mais suffisant jusque là à garantir les tiers qui ayant traité avec son porteur, sont en sécurité pour l'avenir.

On comprend aisément la simplicité de ce système où les purs principes sont néanmoins respectés : tous les héritiers, c'est-à-dire tous ceux qui auront une vocation à l'universalité ou à une quote-part de celle-ci, soit par la loi, soit par la volonté du défunt, auront dès le décès, comme dans notre droit, la propriété immédiate des biens héréditaires, qui deviendra également transmissible aussitôt le décès. En revanche, ils devront se mettre d'eux-mêmes en possession par l'appréhension physique des objets composant l'hérédité, la possession ne pouvant être acquise qu'à ce prix.

A ces divers points de vue, la situation de tous les successeurs est identique. Mais là où celle des seuls héritiers va devenir préférable, ce sera dans l'attribution qu'on leur fera, des divers avantages attachés à la possession, encore qu'ils ne l'aient pas acquise.

On évitera ainsi les dangers qu'une administration passive entraînerait, on empêchera les affaires de péricliter et surtout on permettra aux héritiers de sauvegarder leurs intérêts. Notre grave controverse, sur la prescription de l'acquisition ou de la renonciation de notre droit héréditaire, ne se présentera pas en droit allemand, où l'héritier subséquent est immédiatement et rétroactivement mis à la place de l'héritier renonçant, dont la renonciation qui doit être faite dans les dix semaines sous peine de ne plus être acceptable, devient irrévocable !

Ajoutons, pour être complet, que l'héritier allemand n'est tenu des dettes et des charges qu'*intra vires*, que le bénéfice d'inventaire est dans ce but institué comme règle ! Tout héritier doit y procéder; s'il ne le fait dans un délai que le Tribunal peut lui impartir sur la demande des créanciers, s'il ne le croit pas utile, ou s'il y a détournement ou confusion des biens héréditaires, — ne pouvant plus ainsi prouver la consistance de la succession — alors seulement il sera tenu sur ses biens personnels.

CONCLUSION

Au point où nous sommes parvenu, il est aisé de dégager de notre étude deux reproches d'ordre différent, à l'adresse de notre législateur.

1° Imbu de souvenirs historiques, qui s'imposaient en quelque sorte à son esprit, il ne s'est pas aperçu qu'en maintenant la Saisine au rang de nos institutions juridiques, il ne faisait que conserver un mot désormais vide de sens, créé qu'il avait été à son origine, dans le but d'éviter toute formalité extérieure dans le transfert des propriétés ; l'article 711 ayant à jamais tranché cette question dans le sens de la transmissibilité immédiate au profit des successeurs, la Saisine perdait du coup toute sa signification primitive et toute son utilité. Vouloir d'autre part la rapporter à la possession, dans quelque sens que ce soit, c'était dénaturer, c'était contredire même les principes unanimement admis sur cette notion, qui, pur état de fait, est par essence intransmissible. A des siècles d'intervalle, le droit romain et le droit allemand ont consacré cette vérité que nous avons méconnue, ce qui fut la cause des tiraillements qui nous divisent encore à l'heure actuelle, et rendent si incertaines,

8

dans le domaine de la transmission héréditaire, les solutions de la doctrine et de la jurisprudence!

2° Sous cette même influence d'idées anciennes, il a laissé survivre entre les divers successeurs une division qui ne devrait plus exister : les continuateurs de la personne et les successeurs aux biens. Fiction jadis émanée des croyances superstitieuses des premiers peuples, écho fidèle des mœurs d'autrefois, l'idée de la représentation posthume du défunt, sonne mal désormais à nos oreilles; elle ne répond plus à notre genre de vie, à l'organisation même de notre société, où le spectre de l'infâmie ne vient plus troubler le repos des morts, où l'individualisme égoïste a remplacé la communauté d'existence autour du même foyer, où le chef de famille enfin a perdu son rôle et sa souveraineté!

Il n'y a plus de continuateurs du défunt, plus d'intimité morale entre lui et son héritier; il n'y a plus, à quelque titre que l'on vienne, que des successeurs aux biens. Partant, l'obligation aux dettes et aux legs « *ultra vires* », est, à notre époque, un contresens ; tout successeur ne doit être tenu que pour la cause qui l'oblige, c'est-à-dire jusqu'à concurrence de l'actif! Pourquoi, d'ailleurs, un créancier du défunt, qui a tacitement accepté comme gage le patrimoine de ce dernier et pas autre chose, verrait-il, par la mort de son débiteur, son droit augmenté, ses garanties étendues aux biens de l'héritier qu'il ne connaissait même pas? Encore, ici, le Code allemand a vu plus juste que nous en posant que le bénéfice d'inventaire serait chez lui la règle, et non plus l'exception!

Ces deux critiques sont intimement unies, et admettre l'une c'est reconnaître l'autre, puisque la Saisine proprement dite, ou Saisine légale pour ceux qui soutiennent l'existence d'une Saisine judiciaire, n'appartient qu'à ceux que l'on a coutume de dire les continuateurs du défunt ! Or, si l'on veut avouer avec nous, qu'il n'y a plus en fait que des successeurs aux biens, et si, d'autre part, on s'est bien pénétré du caractère essentiellement intransmissible de la possession, que reste-t-il de la Saisine ? Rien qu'une idée négative, qu'un souvenir historique, qu'un mot à rayer du Code !

Quant aux effets dont on la prétend créatrice, ils sont, en définitive, indépendants d'elle, étant tous le résultat de cette idée surannée de l'identification des personnes de l'héritier et du défunt.

Ce n'est pas à dire que l'unification que nous préconisons entre les divers successeurs doive les mettre tous sur la même ligne ; si tous ont aussitôt le décès un droit de propriété transmissible et définitif, si tous ne devraient être tenus des dettes et des charges qu' « *intra vires successionis* », il n'en reste pas moins évident que certains méritent d'être mieux traités que d'autres ; — je fais allusion ici à ceux qui sont appelés par la loi ou la volonté du défunt à l'universalité de la succession ou à une quote-part de celle-ci.

Leur titre est assurément meilleur, plus digne d'intérêt que celui des légataires particuliers, par exemple, qui ne viennent prendre que des sommes ou des objets déterminés, — et comme, pas plus que ces derniers, ils ne peuvent devenir possesseurs de l'hérédité sans une appréhension physique, devant les inconvénients, cependant forcés, qu'un tel état de choses entraîne, la loi ne peut-elle pas y obvier tout en respectant les principes, et intervenir en leur faveur par une mesure toute d'exception ?

Ne peut-elle pas ainsi leur faciliter l'acquisition de cette possession, leur en accorder même, par avance, tous les avantages pratiques, leur permettre de joindre la leur à celle du défunt — si personne, bien entendu, ne se prévaut contre eux d'une possession annale, — pour parvenir plus vite à l'usucapion ?

Ne peut-elle pas aussi les laisser activement et passivement exercer les actions possessoires du défunt, pour éviter, de cette façon, toute dépréciation des biens héréditaires et n'apporter aucune entrave aux droits des créanciers de la succession, — d'autant qu'il ne faut pas perdre de vue que l'intervalle entre le décès et la prise effective de possession ne peut pas être de bien longue durée !

Relativement à l'acquisition des fruits, enfin, ne devrait-elle pas suivre le règles qu'elle a par ailleurs tracées et selon lesquelles ceux-ci ne vont qu'au propriétaire ; ici, le propriétaire étant le successeur, les fruits lui appartiendraient toujours et en toutes circonstances, à dater du décès, sauf dans certains cas à ne les lui remettre qu'après une formalité quelconque à la rigueur, mais jamais ils n'iraient à ceux qui ne succèdent pas au capital, et qui par cela même ne peuvent jamais y avoir droit !

A tout cela, rien que de très naturel à notre sens : tous les successeurs sans distinction, ne venant plus recueillir qu'un actif diminué du passif, celui que nous appelons héritier, auquel notre code a seulement assimilé le légataire universel dans le cas de l'article 1006, et auquel, pour notre part, nous voudrions voir joindre tous les légataires universels ou à titre, va devenir l'administrateur de la succession ; on va lui donner ce rôle de préférence aux autres, parce que c'est lui qui y a les plus grands intérêts, et qu'ensuite, une administration n'est bonne qu'autant qu'elle n'est pas l'œuvre d'un grand nombre d'individus à la fois ; au surplus, il sera personnellement responsable du dépérissement ou de la confusion des biens héréditaires, gage exclusif des créanciers de la succession, danger qu'il évitera en faisant dresser un état estimatif ou un inventaire. Dès lors, ce sera justement pour faciliter son travail que le code apportera des dérogations au droit commun, qu'il lui donnera des garanties, qu'on appellera « *Saisine* » si l'on veut, et qui, tenant compte d'une vocation meilleure, lui permettront d'agir vite et bien ! La société toute entière y trouvera son profit, des controverses seront évitées, puisqu'en dehors des exceptions strictement énumérées, on s'en rapportera toujours en cas de difficultés, aux principes généraux sur l'acquisition de la propriété et de la possession, et le théoricien lui-même, satisfait d'un système juridique assis sur des bases uniformes et solides, ne se refusera pas à sanctionner des dispositions qui, si elles en rompent la parfaite harmonie, répondront en revanche à des besoins éminemment pratiques !

On le voit, nous en arrivons à souhaiter, pour notre

pays, un système successoral semblable à celui de l'Allemagne ; l'esprit juridique de ce peuple, porté aux recherches théoriques les plus ardues, a su cependant, dans la confection de son code, apporter une coordination et une simplicité qui nous manquent.

Les Allemands, il est vrai, ont tenu compte de nos erreurs et des leurs, il les ont corrigées, ils se sont débarrassés de tous ces vestiges historiques qui nous encombrent encore, et ont su se mettre à la portée des besoins et des usages modernes. Profitant à notre tour de leurs travaux et des nôtres, il s'agit de rendre à notre Code, la première place qu'il occupait autrefois, de le rajeunir en un mot, en suivant nous-mêmes l'incessante évolution des idées qui s'est produite depuis l'aube de notre siècle. C'est le vœu du moins que nous formons en terminant ce modeste travail qui n'a fait que signaler un des points sur lesquels devrait porter cette réforme générale !

Vu, le Président :

Léon MICHEL.

Vu, par le Doyen :

GARSONNET.

Vu et permis d'imprimer, le Vice-Recteur de l'Académie de Paris :

TABLE DES MATIÈRES

78346   Paris. — Typ. et Lith. MAULDE, DOUMENC et Cie

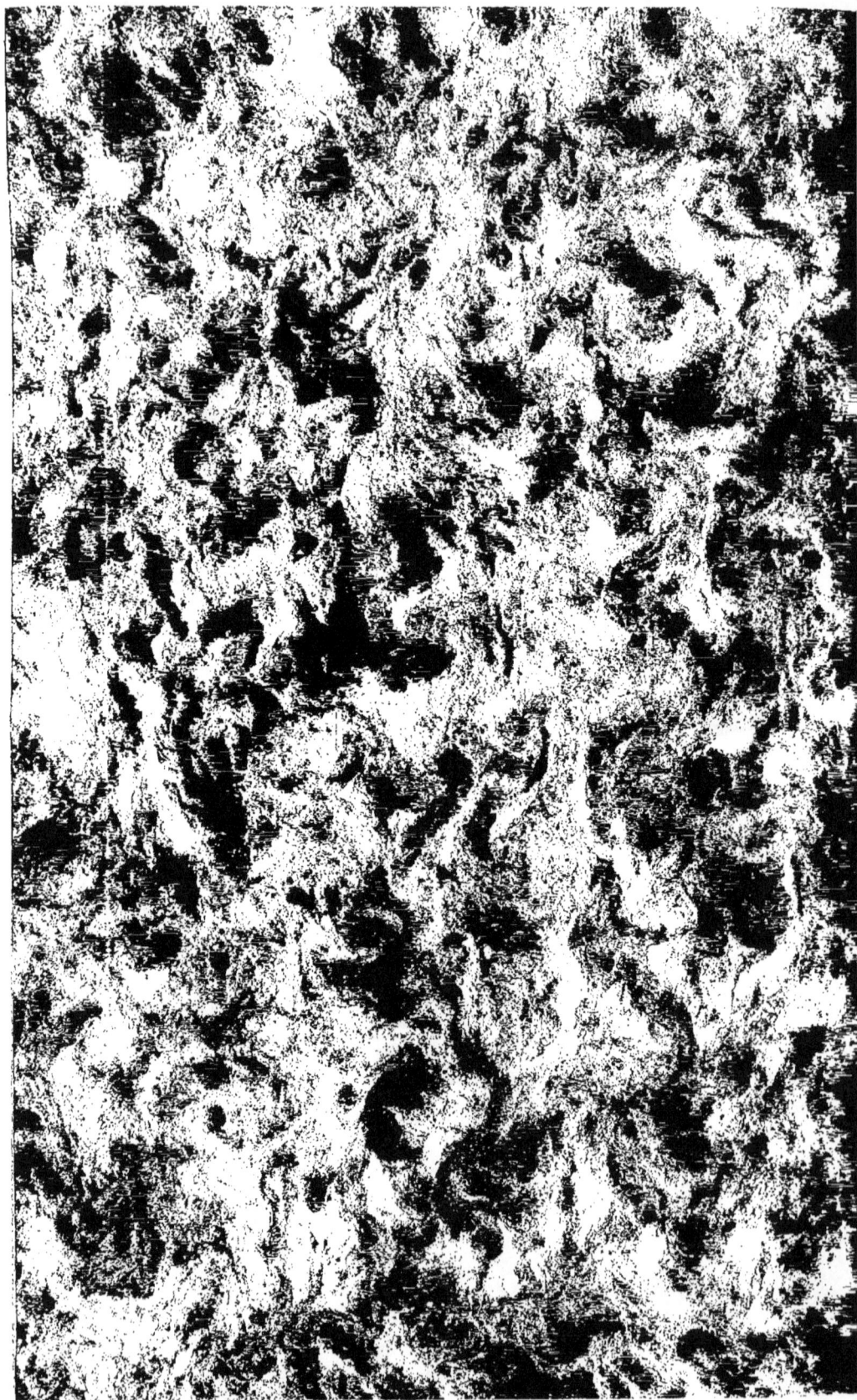

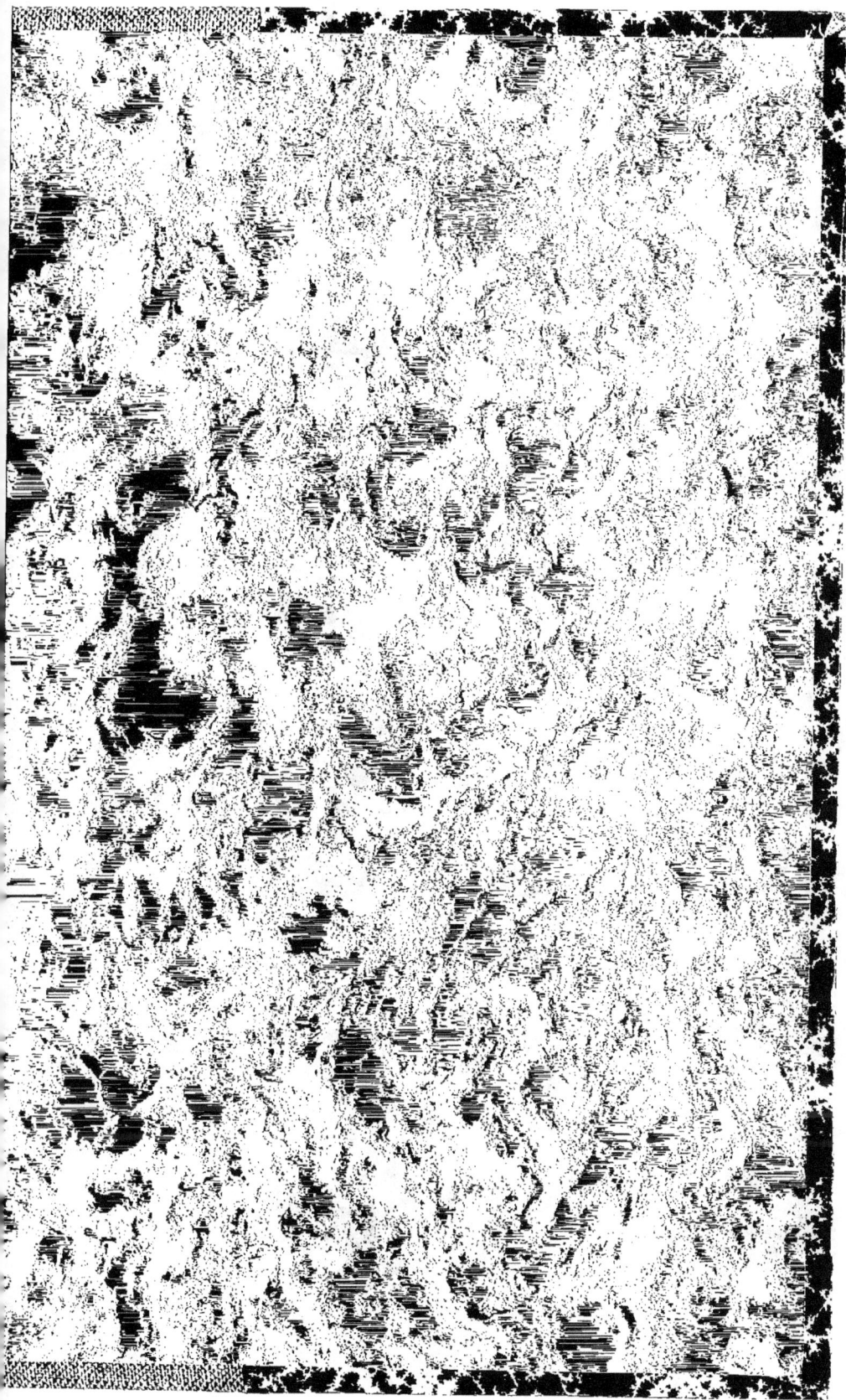

www.ingramcontent.com/pod-product-compliance
Lightning Source LLC
Chambersburg PA
CBHW062041200326
41519CB00017B/5092